CHAI CARIONI

MUDANÇA ESTRATÉGICA, CRESCIMENTO INEVITÁVEL

REPOSICIONE SUA TRAJETÓRIA COM CLAREZA E TRANSFORME SEU CONHECIMENTO EM AUTORIDADE E RESULTADO

Gente
editora

Diretora
Rosely Boschini
Diretora Editorial
Joyce Moysés
Editora
Natália Domene Alcaide
Assistente Editorial
Camila Gabarrão
Produção Gráfica
Leandro Kulaif
Preparação
Bianca Maria Moreira
Capa
Thiago de Barros
Projeto Gráfico
Márcia Matos
Plinio Ricca
Diagramação
Plinio Ricca
Revisão
Bruna Fontes
Débora Spanamberg Wink
Impressão
Grafilar

CARO(A) LEITOR(A),
Queremos saber sua opinião sobre nossos livros. Após a leitura, siga-nos no **linkedin.com/company/editora-gente**, no TikTok **@editoragente** e no Instagram **@editoragente**, e visite-nos no site **www.editoragente.com.br**. Cadastre-se e contribua com sugestões, críticas ou elogios.

R. Dep. Lacerda Franco, 300 – Pinheiros
São Paulo, SP – CEP 05418-000
Telefone: (11) 3670-2500
Site: www.editoragente.com.br
E-mail: gente@editoragente.com.br

Dados Internacionais de Catalogação na Publicação (CIP)
Angélica Ilacqua CRB-8/7057

Carioni, Chai
Mudança estratégica, crescimento inevitável: reposicione sua trajetória com clareza e transforme seu conhecimento em autoridade e resultado / Chai Carioni. - São Paulo : Editora Gente, 2025.
144 p.

ISBN 978-65-5544-624-1

1. Empreendedorismo 2. Negócios 3. Sucesso nos negocios I. Título

25-2790 CDD 658.4012

Índices para catálogo sistemático:
1. Empreendedorismo

NOTA DA PUBLISHER

Profissionais bem-sucedidos são aqueles capazes de reconhecer o momento exato em que precisam mudar para continuar crescendo. E essa necessidade muitas vezes não vem de fora, mas emerge de dentro, revelando-se em sinais discretos de desconforto e naquela temida pergunta: *qual é o próximo nível?* E todos nós, em algum momento, sentimos essa urgência de realizar uma mudança estratégica, porque temos a convicção de que podemos ir além dos moldes tradicionais.

E essa busca tem se tornado cada vez mais comum. O mercado vive um cenário em que muitos profissionais alcançam posições invejáveis, conquistam status e estabilidade financeira, mas, mesmo assim, algo parece não estar no lugar. *Mudança estratégica, crescimento inevitável* aborda exatamente esse ponto invisível e decisivo: a coragem para assumir a necessidade de mudança e a estratégia necessária para fazê-la acontecer com segurança e sustentabilidade.

Chai Carioni é uma profissional que viveu intensamente as dores e as conquistas que descreve. Sua autoridade vem da união de seu histórico exemplar como executiva em grandes corporações com seu movimento próspero para o empreendedorismo. Chai não apenas trocou um emprego estável por um negócio próprio, mas transformou radicalmente sua vida, mostrando ao mercado que é possível unir liberdade, propósito e sucesso financeiro sem deixar para trás tudo o que construiu até então.

Neste livro, Chai oferece ferramentas concretas para que você identifique o momento de ruptura silenciosa e transforme-o em um momento de reconstrução consciente, porque o crescimento sustentável exige muito mais do que coragem ou vontade: exige método, planejamento claro e conexão profunda com seus valores mais essenciais.

Ao final dessa jornada, você estará equipado com clareza, coragem e estratégia para dar o passo decisivo rumo ao próximo nível de crescimento. Você está pronto para essa jornada de transformação?

Boa leitura e excelente travessia!

ROSELY BOSCHINI
CEO e Publisher da Editora Gente

Aos inquietos silenciosos, que já entenderam: o
incômodo não é crise, é direção.
E também aos que já sustentaram
o sucesso dos outros, mas agora decidiram
construir o próprio legado.
Este é o seu ponto de virada.

AGRADECIMENTOS

Escrever este livro foi, mais uma vez, atravessar a ponte entre o que eu sabia e o que precisava viver.

Agradeço a Deus, minha fonte inesgotável de luz, direção e amor. Nada disso seria possível sem a certeza de que o controle sempre esteve com Ele.

A minha família: Augusto, meu amor, e meus meninos, Luca e Filipe, meu alicerce mais verdadeiro. Obrigada por me deixarem viver até uma Páscoa sozinha em casa só para escrever em paz. Esse silêncio virou palavras.

À equipe Impacto e Joy Beauty, que sustentou o bastidor com coragem e compromisso, inclusive quando a entrega atrasou dois anos. Foi no atraso que o aprendizado se aprofundou. Vocês não só mantiveram o movimento, como inspiraram boa parte das páginas que aqui estão.

A meus mentorados, alunos, leitores e amigos: cada conversa, cada troca, cada provocação virou combustível. Obrigada por me impulsionarem nessa missão de transformar inquietação em direção.

A minha editora querida, por acreditar na mensagem. E um agradecimento especial à equipe editorial, que merece ser nomeada com gratidão e admiração: Rosely Boschini, minha mentora; Joyce

Moysés, que liderou o comitê com sensibilidade; e Natália Domene Alcaide, que foi gigante pela escuta, pela paciência e pela confiança em minha visão.

Por fim, honro meus pais. Obrigada por criarem uma menina cheia de sonhos e que nunca ficou parada diante de um chamado. Vocês me ensinaram a crescer com fé, com fibra e com verdade.

Cada linha deste livro existe porque pessoas reais cruzaram meu caminho. Obrigada por terem sido parte da mudança e também do crescimento inevitável.

SUMÁRIO

INTRODUÇÃO

Era para ser só mais uma segunda-feira qualquer, como tantas outras que eu já tinha vivido. Já havia resolvido a pauta da semana, organizado a equipe e confirmado os indicadores de performance. O celular piscava com mensagens de aprovação. O sistema de metas me dizia que eu era uma profissional de excelência. Tudo parecia perfeito e sob controle – e não era para isso que eu havia me dedicado tanto nesses longos anos de carreira?

Mas, no comecinho daquela segunda-feira, eu simplesmente me sentei no chão do meu quarto… e não consegui me levantar. Assim, de modo inesperado e inexplicável… fiquei paralisada. Eu não me sentia doente nem vivia nenhuma crise externa, não conseguia identificar qualquer problema visível. Tudo seguia funcionando de maneira eficaz como eu havia planejado. Mas, por dentro, algo havia mudado: a alma, silenciosamente, havia declarado cansaço.

A primeira sensação foi de estranhamento: uma tentativa infrutífera de entender o que estava acontecendo. A segunda foi de culpa: de me sentir vulnerável daquela forma, frágil e perdida. Como se o sucesso que eu havia construído não me permitisse mais desejar outra coisa, como se eu tivesse me tornado prisioneira do que eu havia projetado para mim mesma anos atrás.

Depois de umas horas me sentindo assim, eu consegui verbalizar uma pergunta, ou melhor, *a* pergunta:

E AGORA?

Uma questão aparentemente boba e simples, mas que nunca tinha me passado pela cabeça, e para a qual eu não estava preparada. Porque essa pergunta atormenta quem já chegou longe, quem já conquistou estabilidade, status, uma carreira sólida e admirável. Mas também quem começou há pouco tempo, e já sente – no corpo, no sono, no peito – que aquele caminho talvez não seja tão seu quanto parecia. É uma inquietação silenciosa que não respeita tempo de serviço nem plano de carreira. É um sussurro interno que diz: "Isso aqui pode não ser tudo".

Quando essa sensação atravessa uma pessoa – seja eu ou seja você –, é difícil de nomear e de expressar o que se está sentindo, porque ela chega sem horário marcado, sem pedir licença e sem resposta pronta. E é justamente por isto que tudo parece tão assustador: começa no invisível, no silêncio, na falta de resposta. É aquele ponto em que você percebe, muitas vezes sem saber explicar, que a carreira que lhe serviu até aqui já não cabe mais em quem você é agora. É como vestir uma roupa justa, desconfortável, que já não combina mais com o seu corpo nem com a sua pele. Uma sensação incômoda de estar fora do lugar na sua própria vida profissional – a mesma que você lutou tão bravamente para conquistar. Experimentar esse momento é algo muito impactante e doloroso.

Seria maravilhoso se eu pudesse dizer a você: "É simples! Basta abrir uma conta no LinkedIn, atualizar seu currículo e, a partir dali, sua transição de carreira se desenrolará em um passo a passo organizado e linear". Mas, infelizmente, não é assim que funciona. Porque a transição não inicia do lado de fora, muito menos em uma rede social. Ela começa muito antes: no instante em que a trajetória externa se desconecta da sua essência. E, quando isso ocorre, há um corte radical, pois é o momento em que você percebe que a estrutura que construiu já não sustenta a vida que deseja viver.

Foi pensando nesse momento de transformação profunda que eu escrevi este livro para você. Pois só quem já passou por algo tão intenso sabe quão desafiador é viver essa experiência; e, ao mesmo tempo, quão potente pode ser. Porque eu acredito que **um ponto de ruptura pode ser também um ponto de renascimento**.

Ao longo dos anos, guiando líderes, executivos e empreendedores, entendi que esta pergunta – "E agora?" – é o verdadeiro início da transformação. Ela nasce do esgotamento, mas isso não significa fraqueza. Eu enxergo esse momento como uma fagulha, como o chamado para o próximo ciclo, é um momento especial em que a alma pede para participar do plano de carreira. Quando esse chamado acontecer, não tenha medo – quando você ouvir, dentro de si, "E agora?", sinta-se desafiado a vivenciar mais um momento de grande transformação.

Escrevi este livro como um mapa, um convite para uma travessia consciente entre aquilo que você construiu e aquilo que ainda quer construir. Quero ajudá-lo a erguer a ponte entre o agora e o depois, entre o presente e o futuro. Não se trata de jogar tudo fora, mas de **se reposicionar dando um novo sentido àquilo que já faz parte da sua história, pois um outro momento pede uma outra leitura e um novo recomeço**.

Eu digo isso com absoluta convicção, pois acredito que a potência do recomeço é um desafio maravilhoso, que podemos e precisamos abraçar sem medo. A vida é feita de movimento – não adianta lutar contra as mudanças. Porque elas vêm e estão cada vez mais aceleradas. É só percebê-las com o passar das gerações.

Até porque vivemos um momento inédito! Pela primeira vez, cinco gerações dividem o mesmo espaço produtivo: Baby Boomers continuam ativos, não apenas por necessidade, mas também por desejo de relevância; a Geração X (a minha) experimenta o paradoxo de ter estabilidade e, ainda assim, sonhar com liberdade; os Millennials (também conhecidos como geração Y) correm contra o burnout, tentando equilibrar impacto social e sustentabilidade financeira; a Geração Z já não aceita trilhas lineares – querem viver, criar, pertencer; e os mais novos, da Geração Alpha, que certamente já carregam perguntas que o mercado de trabalho sequer sabe formular.

Este é um tempo de colapso e de reconstrução. De fim de modelos e começo de significados. De carreiras que não cabem mais em cargos. E, nesse cenário, um novo tipo de coragem é exigido: **a coragem de escutar a própria inquietação como estratégia**.

***

Depois de anos em cargos executivos, com autonomia, reconhecimento e uma vida que parecia exemplar, enfrentei a interrupção invisível que vem quando a alma se retira do lugar que o corpo ainda ocupa. Naquela manhã de segunda-feira, foi a minha vez de escutar a pergunta assustadora: "E agora?".

Como já comentei, em um primeiro momento o impacto foi tão grande que eu paralisei. Demorei algumas horas para entender que a vida me chamava para um momento de reconstrução. Mas não de maneira impulsiva. Nada disso. Eu entendi que ali se iniciaria uma travessia com fé, método e planejamento, pois criei uma rota que me permitiu fazer minha transição de carreira com estratégia e consistência. Então decidi empreender com propósito, respeitando minha história e reposicionando meu futuro. E um dos meus maiores aprendizados desde então é saber que a transição precisa de estrutura, consciência e intenção.

Depois de anos de experiência, quero compartilhar com você tudo o que aprendi na minha própria transição de carreira – de uma profissional bem-sucedida com carteira assinada para uma empreendedora de sucesso – com detalhe, profundidade e estratégia, guiando executivos e empresas em suas próprias transições. São **cinco passos necessários para uma transição de carreira para o empreendedorismo**, tudo baseado em prática real, escuta ativa e aplicação em diversos contextos. Não são dicas soltas, mas movimentos conectados, com começo, meio e reinício. O seu futuro está nos cinco passos a seguir:

- **Segurança x liberdade**: quando as conquistas se tornam amarras e o medo de parecer ingrato ou louco o prende no lugar em que você já venceu, o sucesso se torna uma roupa apertada e desconfortável. Esse é o primeiro sinal, e o grande dilema será: mantenho minha rotina e minha segurança ou vou em busca da liberdade, sem amarras?
- **Identificação**: depois do impacto do primeiro momento, da sensação de falta de ar e desespero, você se olhará no espelho. E é nesse instante que começa a distinguir o que é desejo seu e o que é projeção alheia, a entender o que move e o que trava você e qual versão sua ainda não foi colocada no jogo. É um momento de muitas perguntas e poucas respostas.
- **Escolhas e posicionamento**: aqui começa o risco real. Reflita profundamente para decidir, inclusive para ainda não decidir. Aprenda a reposicionar a narrativa da sua história sem precisar apagar o que já viveu.
- **Estratégia aplicada com alma**: o início do novo não é apenas mental, pois ele precisa ser estruturado com intuição, inteligência

emocional e visão prática. Compartilharei com você ferramentas, dicas de planejamento e os primeiros testes que devem ser aplicados e praticados para entender e organizar o recomeço.

- **Protagonismo e sustentação**: empreender não é só começar, é sustentar. E sustentar demanda muita energia, coragem, disciplina e entrega. Você aprenderá a criar rotina com liberdade, liderar com verdade, fazer dinheiro com propósito e viver com coerência.

A partir de *cases* reais, você entenderá que, antes de ter sua própria empresa, existe uma escolha; antes do pitch, existe o silêncio; antes da visibilidade, existe uma identidade. E, acima de tudo: não há manual pronto nem versão editada do sucesso. Neste livro, você encontrará a verdade crua, os dilemas reais e os bastidores de quem escolhe recomeçar com consciência.

Ao final desta leitura, você se verá com coragem e clareza para se mover, com um plano viável e um posicionamento verdadeiro, além de um impulso sustentável para sair da zona do "quase" e responder a esta pergunta tão difícil: "E agora?". Lembre-se: você não começa do zero, começa a partir de tudo o que você já é.

É preciso honrar o que você é e a sua trajetória. Só você pode honrá-la e reconhecê-la, porque ninguém o fará por você. Assim como ninguém irá resgatá-lo desses momentos de profunda transformação.

Não tem guru nem céu com resposta escrita. Tem a sua vida, a sua inquietação, a sua coragem. E, depois disso, tem estratégia.

O seu novo ciclo não começa quando você estiver pronto. Ele começa quando você decide parar de mentir para si mesmo, encarar o espelho, mergulhar no seu processo e decidir agir. E eu estou aqui para acompanhar você nesse recomeço!

NÃO HÁ MANUAL PRONTO NEM VERSÃO EDITADA DO SUCESSO.

01.

O COMEÇO INVISÍVEL DE UMA NOVA JORNADA

Em uma segunda-feira normal, estava em casa, com a agenda cheia, metas agressivas, desafios que sempre me moviam, a vida pela qual trabalhei e me empenhei por anos para conquistar. Mas, como se algo tivesse se rasgado por dentro, me vi no escuro e paralisada. Simplesmente… sem ação. Não consegui sair do quarto.

Lembro-me claramente de me sentar embaixo da janela, pegar o telefone e ligar, aos prantos, para o meu chefe. Na época, trabalhava em um cargo executivo de um grande banco de varejo. Liderava times de alta performance e tinha bastante liberdade geográfica, incluindo a possibilidade de estar em home office em pleno ano de 2011 – um privilégio raro tantos anos atrás. Mesmo assim, de repente, parecia que nada mais tinha sentido, como se uma luz tivesse se apagado dentro de mim.

Não, eu não estava doente, nem depressiva. Conheço bem a depressão, pois já a encarei e tratei algumas vezes nos meus 47 anos. Também não sofri um burnout. E muito menos era desvalorizada no meu trabalho, pelo contrário: tinha acabado de ser reconhecida e estava prestes a receber uma promoção. Apesar das perspectivas concretas de crescimento na carreira em um futuro próximo, algo dentro de mim subitamente desligou. Sentia-me sem ânimo, sem aquela chama que incendeia e impulsiona, sem vontade de agir. Eu sentia falta de um propósito.

Eu estava sem luz, sem brilho, sem vontade. Tudo isso em um momento de vida em que aparentemente tudo estava no seu devido lugar: família, saúde, dinheiro, status, carreira, amigos. Um sentimento que apavora qualquer um; pois, analisando de maneira racional, não fazia sentido eu estar daquela maneira, paralisada, aos prantos dentro do meu quarto.

Mas, emocionalmente, era o que eu sentia e percebia que era sério. Eu sou daquelas pessoas que nasceu para trabalhar, do tipo da energia arquetípica da guerreira, que diz "missão dada é missão cumprida". Imagina como me senti naquele momento, ao me ver sem forças para agir?

Foi então que eu percebi que queria mudar, queria abrir outro caminho, reencontrar o brilho que sentia apagado, queria construir uma nova carreira com as minhas próprias pernas. Mas, àquela altura do campeonato, quando tudo estava dando certo, nasceu o desejo de dar um reset na missão e reencontrar sentido – bem no meio de uma trajetória de sucesso! Eu teria coragem para fazer isso? E como agir?

***

Todas as pessoas que alcançam um determinado patamar em suas carreiras, em algum momento, se questionam sobre o próximo passo. Um plano de carreira que parecia tão organizado e linear, de repente, se torna sufocante e sem sentido. Passam a questionar tudo e vivem momentos de angústia até ter a clareza que mostra o tão desejado novo tempo. Segundo pesquisa do LinkedIn, maior rede social focada na área profissional, mais de 60% dos brasileiros cogitavam mudar de emprego em 2024.[1] E muitos consideram a transição profissional por motivos relevantes para além da questão financeira. Eles querem bem-estar, liberdade criativa e propósito. Ou seja, para além do salário, há uma vontade de viver a vida profissional com outros parâmetros.

Porém, viver uma transição de carreira, depois de tomada a decisão, é um momento crítico. Principalmente depois de já termos alcançado muitas conquistas; nem sempre as conquistas dos sonhos alimentados na infância, mas nem por isso menos relevantes. *Cresci, e agora? Será que o sonho mudou? Será que ainda me permito novos sonhos?*

Uma verdade é quase absoluta: o tempo voa, e as possibilidades são tantas que nos perdemos na tomada de decisão. Às vezes, é mais "confortável" viver na correria, fazendo o que já estamos acostumados, do que ousarmos recalcular a rota, quem sabe até mudar a direção completamente, a fim de conquistar o poder de desacelerar ou o poder de enfim acelerar rumo à construção de um sonho que tinha ficado guardado, esquecido ou até mesmo desacreditado.

O poder de sentar-se no chão e se permitir sentir, se permitir escutar, escutar para ver, ver para enxergar além. Ir além com a certeza de que nada é certo, mas tudo ainda é possível. Recomeçar, em qualquer tempo e qualquer idade. Esse é o poder que nos liberta e pelo que devemos lutar.

Isso serve para você que é como eu, da turma dos 40+, da Geração X, dos nascidos entre 1965 e 1980, que está se questionando se seguiu no caminho certo até aqui, se é tarde demais para recalcular

---

[1] CERQUEIRA, M. Transição de carreira é tendência entre os profissionais, aponta pesquisa. CNN, 8 out. 2023. Disponível em: https://.cnnbrasil.com.br/economia/macroeconomia/transicao-de-carreira-e-tendencia-entre-os-profissionais-aponta-pesquisa. Acesso em: 14 jun. 2025.

a rota, e pensar nessa possibilidade a essa altura do campeonato lhe traz medo. Serve também para você que vive na fase mais produtiva da carreira, no auge dos 30 anos, também conhecido como Millenial ou Geração Y, dos nascidos entre 1981 e 1996, vivendo aquele conflito intenso entre casar, comprar uma bicicleta, abrir uma empresa com a colega de trabalho ou seguir no emprego atual e investir no sonho da startup ou do digital sem largar nenhuma frente.

Talvez você, que está com este livro nas mãos, seja alguém como a Isabella, minha sobrinha de 25 anos, mulher inspiradora da Geração Z, dos nascidos entre 1997 e 2012; ou o meu filho Luca, com seus 14 anos. Ambos serão o legítimo futuro do mercado de trabalho, e estamos aprendendo a crescer com eles. Que alegria a minha termos nos encontrado aqui, no meio destas palavras, com a força e a coragem para encarar a mudança – e não no chão do meu quarto escuro (na verdade, naquele momento, Luca estava lá comigo, com 2 aninhos e olhos amendoados, me dando amor e motivos para me reerguer).

Que bom saber que, independentemente de quem eu sou, o que eu já fui e tudo o que já vivi até aqui me habilitou para ser sua guia nesta viagem chamada leitura, e espero que ela sirva como uma lanterna no caminho que você busca desbravar.

E que bom que não importa sua idade ou sua geração – nós vivemos a época mais louca e ao mesmo tempo mais maravilhosa no universo do trabalho. Afinal, é a primeira vez que todas as gerações se encontram (ou podem se encontrar) no mesmo ambiente produtivo, desde Baby Boomers até a Geração Z. As pessoas vivem mais e com acesso a conhecimentos que as permitem viver melhor: trabalham, se reinventam, lideram e inspiram muitas outras mundo afora.

No Brasil, a cultura de aposentadoria, o aumento da expectativa de vida e a necessidade de garantir recursos financeiros por períodos mais longos fazem com que muitos profissionais optem por permanecer no mercado de trabalho. Ainda assim, a experiência acumulada e as novas possibilidades despertam, cada vez mais, o desejo de empreender a partir do próprio conhecimento e se reposicionar em qualquer fase da vida.

Imagine que estamos em uma viagem no tempo e, em cada parada, encontramos uma geração diferente. Cada geração com seus sonhos, medos e motivações para buscar um novo caminho, reencontrar o seu propósito, mudar a rota, empreender:

- **Baby Boomers (1946-1964)**: nossa primeira parada é na época do pós-guerra, um período de forte crescimento econômico em muitos países. Era um momento em que as pessoas eram incentivadas a ter mais filhos, e esses filhos, por sua vez, foram os primeiros em suas famílias a frequentarem uma universidade. Eles cresceram valorizando a estabilidade, o emprego fixo, e muitos construíram suas carreiras sendo leais a uma única empresa ou instituição. Pois bem, hoje, após décadas de dedicação, muitos deles estão olhando para o horizonte com uma nova paixão nos olhos. Estão prontos para usar toda a experiência acumulada em algo novo. Eles dizem: "Parar agora? Que nada! Não tenho tempo a perder!". E lá vão eles, abrindo cafés charmosos, criando consultorias cheias de sabedoria ou transformando antigos hobbies, como artesanato ou esportes, em negócios cheios de propósito e significado.
- **Geração X (1965-1980)**: agora, seguimos para a geração dos mestres da resiliência – e, veja bem, não estou elogiando só porque sou dessa geração. Ela é, de fato, uma geração que sobreviveu

a revoluções tecnológicas, crises econômicas e transformações profundas no ambiente do trabalho. É a geração da transição do analógico para o digital, e talvez seja por isso que olhem para certas promessas do marketing com um pouco mais de ceticismo – porém, como veremos adiante, ele será muito essencial para viver uma nova escalada na vida profissional.

Essa geração está no auge (sim, confesso, estou me autovalorizando aqui de novo), mas sentem aquela inquietação difícil de ignorar. Algo como: *Já conquistei tanto, mas e se eu pudesse equilibrar melhor minha vida? E se eu pudesse estar em mais lugares?* E aí, abrem startups tecnológicas, se destacam em novos palcos, exploram o e-commerce e aproveitam sua vasta rede de contatos para fazer a coisa acontecer. Tudo com aquele toque de inovação e um desejo ardente de mais liberdade com segurança.

- **Millennials ou Geração Y (1981-1996)**: próxima parada: ah, os idealistas! Eles chegam com um brilho nos olhos e um propósito no coração. "O mundo precisa de mudanças, e quem vai fazer isso somos nós!". Eles se jogam no empreendedorismo com a certeza de que podem equilibrar lucro e impacto social. Criam negócios sustentáveis, startups tecnológicas e plataformas que conectam pessoas de maneiras inimagináveis. Trabalham de qualquer lugar, com horários flexíveis, porque, para eles, o trabalho precisa ter sentido e propósito. Procuram equilibrar carreira, vida pessoal e bem-estar; e, nessa busca pelo equilíbrio saudável entre vida pessoal e profissional, muitas vezes são frustrados pelas demandas intensivas de trabalho e pela expectativa de disponibilidade constante nos empregos tradicionais. Por isso, ganharam o título de "Geração Burnout".

- **Geração Z (1997-2012)**: última parada dessa nossa rápida viagem. Esses jovens já nasceram conectados, praticamente com um celular na mão. Eles não têm medo de se expor, de tentar, de falhar e tentar de novo. "Por que esperar? Vou criar meu negócio agora mesmo!". E lá estão eles, dominando as redes sociais, criando conteúdo, abrindo lojas on-line e promovendo causas sociais. Para eles, a autenticidade é tudo. Eles são os mestres do marketing digital e usam essa habilidade para construir impérios do zero, tudo com um toque de inovação e um compromisso com a inclusão e a diversidade.

Ao desembarcarmos dessa viagem, percebemos que, seja qual for a geração, todo mundo eventualmente pode chegar em um momento da vida no qual questiona a sua trajetória, a sua carreira, e pensa em fazer diferente. São diversas as motivações: a busca por um propósito para os seus dias, a dedicação a um sonho, a busca por mais liberdade na sua carreira, mais ganhos financeiros, mas com equilíbrio e bem-estar. Você se identifica com alguma delas? Eu aposto que sim. Porém, pensar em mudar o caminho, ou até começar de novo, pode ser assustador.

Todo mundo sabe do pote de ouro no fim do arco-íris, mas quem tem realmente coragem de arriscar tudo e se aventurar no desconhecido para buscá-lo?

Ter dúvidas e receios também é legítimo, pois realizar uma transição profissional é um processo desafiador, especialmente no cenário atual do empreendedorismo no Brasil. Em 2024, o país registrou a abertura de aproximadamente 4,2 milhões de novas empresas, estabelecendo um recorde histórico e representando um aumento de 9,9% em relação ao ano anterior.[2] No entanto, o mesmo período também testemunhou o fechamento de cerca de 2,4 milhões de empresas, um aumento de 12,1% em comparação a 2023.[3]

Esses números refletem a realidade de que, embora o ambiente empreendedor esteja em expansão, a sustentabilidade dos negócios ainda é uma preocupação significativa. Segundo o Sebrae, aproximadamente 50% das empresas no Brasil encerram suas atividades nos primeiros cinco anos de existência.[4]

Levando esses números em consideração, quem quer arriscar uma carreira de sucesso e correr o risco de fazer parte dessas estatísticas? Acontece que, na nossa cultura, segurança não conversa com liberdade. Cabe a nós ressignificar esse estereótipo.

No meu caso, encontrar a luz só foi possível porque, antes, eu precisei encarar a sombra. Foi quando eu me permiti enxergar a possibilidade de viver em outro tempo, em uma outra vida, que percebi o quanto a minha visão ainda estava bloqueada pela minha carreira – presa à trajetória que eu construí, ao conforto da segurança financeira disfarçada de status e reconhecimento. E, claro, essa luz precisa vir acompanhada de uma dose extra de coragem. Uma

---

[2] COM mais de 4 milhões de empresas abertas, Brasil bate recorde em empreendedorismo em 2024. **Empreende**, 2025. Disponível em: https://revistaempreende.com.br/com-mais-de-4-milhoes-de-empresas-abertas-brasil-bate-recorde-em-empreendedorismo-em-2024. Acesso em: 27 maio 2025.

[3] BRASIL. Ministério da Economia. **Boletim do Mapa de Empresas: 3º quadrimestre 2024**. Brasília: Ministério da Economia, 2024. Disponível em: https://.gov.br/empresas-e-negocios/pt-br/mapa-de-empresas/boletins/boletim-do-mapa-de-empresas-3o-quad-2024.pdf. Acesso em: 27 maio 2025.

[4] BRASIL registra o fechamento de 854.150 empresas em 2024. **Monitor Mercantil**, 2024. Disponível em: https://monitormercantil.com.br/brasil-registra-o-fechamento-de-854-150-empresas-em-2024. Acesso em: 27 maio 2025.

coragem que dá vontade de gritar para o mundo sobre o novo, pois é a força de acreditar que nos conecta à nossa potência. É ela que abre portas internas, rompe limites e faz o invisível se tornar real.

Depois daquele dia sentada no chão do meu quarto, muitas coisas aconteceram: conversas, reuniões, negociações, conquistas, despedidas, um período sabático morando fora do país com marido e filho pequeno. Também houve a minha volta para a escola por investimento próprio, o retorno para o Brasil, o retorno para minha antiga casa, o retorno para o trabalho, a confirmação da desconexão do propósito no ambiente de trabalho tradicional, um novo filho e o desenho de uma nova vida profissional.

O fim de um ciclo também marcou o início de uma nova carreira: empreender sozinha, começar do zero, buscar um reposicionamento e, pouco a pouco, escalar até conquistar o topo de uma nova montanha. E, quando finalmente eu cheguei lá, percebi que não estava sozinha, uma vez que, enquanto trilhava meu próprio caminho, também ajudava outras pessoas a percorrerem o delas. A metodologia que eu já aplicava de maneira intuitiva e orgânica se comprovava eficaz e transformava muitas vidas. E é ela que compartilho com você neste livro.

A transição de carreira – ou próximo nível de escalada na sua trajetória profissional – é uma decisão cheia de desafios, medos e incertezas. Mas é ela também que, no fim, lhe permitirá alcançar o verdadeiro sucesso: aquele atrelado ao seu propósito, com aquilo que faz sentido de verdade. É o momento em que você escolhe dizer "sim" para uma nova forma de pensar e agir. Um "sim" para uma mentalidade empreendedora; que olha para o futuro e busca tornar real aquilo que, até então, só existia na sua visão.

Essa trajetória se inicia internamente, ao se permitir começar a acreditar em si e no seu verdadeiro propósito. E, a partir daí, promove a transformação que deseja não apenas para si, mas também para quem está à sua volta.

Empreender, na minha visão, é uma das maiores ações sociais que deveríamos fazer. Pois empreender é gerar riqueza com liberdade. É criar possibilidades em tempos de desesperança. É transformar dor em superação. Uma das definições de empreendedorismo de que mais gosto de falar em minhas palestras é esta: **empreendedorismo é perceber uma dor, criar uma solução para essa dor e embalar tudo isso para servir o mundo e gerar impacto positivo para todos os envolvidos**.

No fim das contas, essa não é apenas uma escolha entre segurança ou liberdade. É entender que a verdadeira segurança não está em um crachá, em um cargo ou em um salário fixo – ela mora dentro, na sua capacidade de se reinventar, de transformar sua própria história, de fazer da sua experiência um trampolim, não uma prisão. A liberdade que você busca não está em romper com tudo que construiu, mas em honrar sua trajetória, ressignificar seu caminho e colocar sua vida a serviço de algo que faça sentido de verdade.

O que trouxe você até aqui tem valor, mas não precisa se tornar uma prisão. A pergunta que fica é: você está disposto a trocar a ilusão de segurança por uma liberdade construída com consciência, método e coragem? Porque a liberdade real não é ausência de risco – é presença de escolha. E, quando você entende isso, descobre que o maior ato de segurança que pode existir... é ser livre.

VOCÊ ESTÁ DISPOSTO A TROCAR A ILUSÃO DE SEGURANÇA POR UMA LIBERDADE CONSTRUÍDA COM CONSCIÊNCIA, MÉTODO E CORAGEM?

02.

ENTRE O VELHO E O NOVO: A CORAGEM DE ESCOLHER

Não é que esteja tudo errado. Mas, se eu for bem sincera, também não está tudo certo. E talvez você já tenha se pegado pensando exatamente isso. Aquela sensação estranha de que, no papel, está tudo funcionando… mas, na prática, tem alguma coisa que não encaixa mais. Não é insatisfação completa nem crise declarada. É só aquele incômodo quieto, aquele pensamento que insiste: *Será que é só isso*?

Se essas perguntas já passaram pela sua cabeça, respire. Você não está sozinho. Esse é um dilema muito mais comum do que parece – e absolutamente legítimo. Porque não é simples abrir mão da segurança que o emprego fixo oferece. O medo aparece mesmo. Medo de não dar conta, de não conseguir sustentar, de se arrepender. E, junto dele, vem a dúvida: será que eu preciso, de fato, escolher entre uma coisa e outra? Será que dá para começar um projeto paralelo, testar, sentir, antes de dar um salto maior?

Essas perguntas não surgem do nada. Elas emergem quando o papel que você tem representado até aqui começa a perder sentido. É sobre isto que vamos falar aqui: como escolher com consciência, sem romantizar, e entender que empreender não precisa – nem deve – ser um ato de ruptura impulsiva. Pode, sim, ser uma construção cuidadosa, inteligente e alinhada com o que faz sentido para você agora.

Eu também disse, por muito tempo, que nunca iria empreender. Mal sabia que já estava empreendendo dentro do crachá, nos bastidores, no jeito de cuidar, liderar e resolver.

***

Quando eu trabalhava no banco, passei por diferentes áreas. Comecei como assistente em uma agência pequena e fui crescendo, até assumir a gerência geral de uma das maiores agências da minha regional. Eram 18 pessoas sob minha liderança, uma nova cidade, 220 quilômetros diários para terminar a faculdade e incalculáveis desafios por dia.

Ali aprendi a ser dona de um negócio, mesmo sendo CLT. Porque, quando você assume responsabilidade de verdade, não importa se há um CNPJ com seu nome: você age como se tudo dependesse de você; e, muitas vezes, depende mesmo.

Ali também aprendi que, por trás de toda estrutura, o que importa são as pessoas: as que ensinam você, as que desafiam você, as que salvam você e as que você escolhe proteger, mesmo que isso custe conforto ou estabilidade.

O MOMENTO EM QUE A MÁSCARA PESA MAIS QUE O ROSTO

Quando eu olho para trás, percebo que, por muito tempo, eu fui ótima no papel que esperavam de mim. E talvez você também conheça esta sensação: ter atuado tão bem, com tanta entrega, que ninguém mais se perguntou – nem você – se aquele papel ainda lhe servia.

Talvez você tenha sido o filho exemplar, o profissional incansável, a parceira conciliadora. Talvez tenha carregado, por anos, o orgulho de ser quem segura as pontas, quem resolve, quem dá conta. E você venceu. Chegou lá. Só que, em algum ponto do caminho, surge a pergunta que muda tudo: *Será que eu ainda quero esse tipo de vitória?*

Às vezes, a resposta demora a chegar, pois não há receita mágica. Quando as perguntas chegam, é preciso ter coragem. Coragem de admitir que cresceu, que mudou, que o sucesso do agora não serve mais. Coragem de perceber que aquilo que o trouxe até aqui talvez não seja mais o que leva você adiante. E, principalmente, coragem de dizer, com amor, mas também com firmeza: "Já deu".

Eu via meus clientes empreendedores e percebia neles grandes cifras e grandes lutas. Eram donos de negócios que não tinham férias nem descanso, e muitas vezes também não tinham paz. E pensei que jamais seguiria esse caminho. Até perceber que, mesmo ali no banco, eu já era uma construtora de caminhos, de negócios, de gente.

A diferença entre ser empregado e ser dono, muitas vezes, é apenas uma ilusão quando se tem mentalidade empreendedora. Acontece que, para empreender com lucidez, é preciso mais do que coragem: é preciso estratégia, clareza e presença.

VOCÊ NÃO ESTÁ PARADO. ESTÁ EM UMA ESCOLHA SILENCIOSA

A maioria das pessoas não está estagnada por falta de ideias, mas paralisada pelo excesso delas; e pela dor de ter que renunciar ao que já construiu para abrir espaço ao que ainda não se revelou. Você não precisa rasgar sua carteira de trabalho, e não deve nem sequer pensar em desonrar sua trajetória, movido muitas vezes pela emoção de um dia ruim. Porém, você precisa olhar com honestidade para o que está sustentando por medo, e não por escolha.

Quero compartilhar com você uma história. Em um dos meus grupos de mentorias, atendi uma médica chamada Thalita,[5] uma mulher jovem de 35 anos, casada, mãe de uma criança pequena. Ela estava em dúvida entre ter o segundo filho ou investir na carreira, pois vivia um conflito de corpo, alma e espírito na vida profissional.

Thalita trabalhava em um cargo público, com jornada de 40 horas semanais. Lá, ela ganhava estabilidade, somava tempo para a aposentadoria... e, junto, levava uma boa dose de frustração. Porque, apesar de toda a experiência e do conhecimento que seguia buscando, ela se via limitada. Atendia na clínica geral, mas não conseguia aplicar, de verdade, sua maior paixão: a medicina preventiva.

Quando chegou na mentoria, ela já estava com essa inquietação há um tempo. Depois de dez anos de carreira, decidiu abrir seu próprio consultório. Mas, claro, não pense que essa decisão foi simples, como parece quando contamos assim, em poucas linhas. Porque, mesmo com toda a bagagem, o medo aparece. O medo de deixar o certo pelo novo. E, veja bem, não é que ela tenha dúvidas sobre as oportunidades – ela enxerga o potencial, acredita. Mas, como toda transição, dá aquele frio na barriga.

A principal insegurança está no fato de não ter aprendido a ser empresária, não entender tanto sobre liderança, gestão, marketing e temas que não são parte da rotina da medicina e que ela não estudou na faculdade. Além disso, ela sente receio de ser julgada como profissional que só pensa em dinheiro, por isso resiste em se posicionar na sua área.

---

[5] Todos os personagens citados neste livro têm nomes fictícios.

PARA EMPREENDER COM LUCIDEZ, É PRECISO MAIS DO QUE CORAGEM: É PRECISO ESTRATÉGIA, CLAREZA E PRESENÇA.

Porém, o que estava acontecendo? Ela começou a ver pessoas mais jovens, com menos conhecimento e menos experiência, se colocando em movimento, se divulgando e conquistando espaço. E ela passou a sentir um certo desconforto emocional por ainda esperar um impulso que não viria de fora, e sim de dentro.

Thalita representa um pouco quem eu fui quando me deparei com a vontade de pedir demissão do banco e começar de novo; e só escrevo para você agora porque decidi abrir mão do status, do título, do apoio tangível que o bom emprego me trazia em troca de confiar no meu potencial e ter fé na minha missão como ser humano feliz. Deus não nos fez para sermos tristes. Somos filhos amados do Pai.

Ainda falando de gerações que valorizavam a formação acadêmica, eu adoro contar a história do Murilo, que, desde criança, sonhava em ser artista. Mas cresceu ouvindo do pai que desenhar e pintar não daria futuro. Por isso, ele optou por ser engenheiro e fez uma carreira de sucesso em uma multinacional. Porém, depois de vinte anos de carreira cartesiana, muitas viagens internacionais a trabalho, alguns anos de terapia e uma nova paixão chamada tatuagem, foi orientado por sua psiquiatra a me procurar para fazer uma mentoria de carreira e entender quais os caminhos reais e possíveis existiam para um homem casado, dedicado à família e que até então seguiu protocolos padrões, mas que não cabiam mais em si.

Confesso que foi um desafio recebê-lo como indicação da minha amiga psiquiatra, com a orientação clara de que "agora o paciente dela estava de alta e precisava de meu direcionamento profissional, pois um homem sem propósito é um homem fadado à depressão". O caso dele exemplifica bem o que é o meu propósito e o que eu compartilho com você neste livro: abraçamos a causa juntos para fazer dar certo; afinal, não é que está tudo errado, mas algo ainda não está no lugar que deveria.

Porém, como sustentar uma transição profissional de um engenheiro de carreira sólida que queria ser artista? Pois foi exatamente o que fizemos. E Murilo, aos 45, começou a tatuar. Seu maior desafio? Convencer a si mesmo de que merecia viver com propósito. Seu estúdio de tatuagem é uma referência em uma das praias mais movimentadas de Florianópolis, em Santa Catarina, e foi exatamente lá que eu, minha mãe, minha irmã e minha sobrinha fizemos nossa primeira (e única) tatuagem, em uma véspera de Natal – mas isso é história para outro momento.

A Thalita e o Murilo são dois exemplos vivos de que a mudança não tem hora marcada. Ela chega – e chega mesmo – quando a mentira não cabe mais. Quando você olha para a própria vida e percebe que não dá mais para seguir fingindo que está tudo bem.

Eles não tinham vinte e poucos anos, nem estavam na fase de "testar caminhos". Eram adultos, casados, com filhos, boletos, responsabilidades e uma vida inteira construída em cima de escolhas feitas com muita consciência lá atrás. O ponto não era estar insatisfeito com tudo. Era perceber que, apesar de tudo ter dado certo… já não fazia mais sentido.

E QUEM JÁ É PJ, MAS AINDA NÃO SE VÊ COMO EMPREENDEDOR?

Alguns profissionais, mesmo atuando como pessoa jurídica – prestadores de serviço, consultores, especialistas, freelancers, profissionais liberais (como dentistas, médicos, advogados) ou até mesmo executivos contratados como PJ –, ainda não se veem como empresários. Executam bem, mas evitam liderar. Se você se encaixa nesse perfil, saiba que está em transição. É hora de assumir seu papel, construir autoridade e

NÃO SE TRATA DE ESTAR INSATISFEITO COM TUDO, MAS SIM DE PERCEBER QUE, APESAR DE TUDO TER DADO CERTO... JÁ NÃO FAZ MAIS SENTIDO.

MUDANÇA ESTRATÉGICA, CRESCIMENTO INEVITÁVEL

@CHAICARIONI

negociar com clareza. O mercado mudou. Não basta ser bom, é preciso ser estratégico. Quem não se posiciona enfrenta contratos curtos e negociações injustas. Posicionar-se como empreendedor não é mudar o que faz, mas reconhecer sua trajetória e dar nome, preço e direção a ela.

VOCÊ NÃO PRECISA MUDAR O MUNDO. PRECISA PARAR DE MENTIR PARA SI MESMO

Alguns querem empreender por fuga; outros, por impulso. Mas o que proponho aqui é outro caminho: empreender com intenção. A intenção de honrar sua história sem se aprisionar nela. A intenção de construir algo que seja viável e sustentável e que respeite sua saúde mental, seu tempo e seus valores. Você não precisa correr para um salto cego – pelo contrário, nem deve. É possível – e recomendável – começar desenhando um plano lúcido, aquele que leva em conta quem você é e quem não está mais disposto a ser. Porque você não está quebrado, está em transição. E a transição não é uma falha nem um fracasso; é sinal de que sua alma está crescendo mesmo que sua vida ainda pareça a mesma por fora – é sinal de expansão e amadurecimento.

No próximo capítulo, nós vamos olhar diretamente para algo que, até aqui, talvez tenha passado despercebido. Vamos falar sobre as estruturas invisíveis que, desde sempre, condicionaram você a acreditar que sucesso é permanecer, que estabilidade é sinônimo de segurança, que mudar é sinônimo de fracasso.

Mas eu adianto uma coisa: isso não é verdade. Sucesso não é permanecer. Sucesso é se permitir evoluir, crescer, ajustar a rota, reposicionar sua história, honrando o que trouxe você até aqui – mas sem se aprisionar nisso.

E qual é o antídoto para quebrar esse ciclo? Clareza e ação. Clareza para enxergar o que você realmente quer, o que faz sentido de verdade para sua vida, e ação para sair do pensamento e começar a construir, no mundo real, esse novo caminho.

É sobre isso que vamos falar a partir de agora. Porque seu próximo ciclo não começa quando tudo estiver pronto. Ele começa quando você decide, de uma vez por todas, parar de mentir para si mesmo.

TESTE:
QUE TIPO DE EMPREENDEDOR VOCÊ É HOJE?

(Responda com verdade. Este teste não mede sucesso, mede clareza.) Para cada pergunta, marque a letra que mais representa a sua realidade atual.

1. Quando penso em empreender, o que sinto primeiro?
   A) Ansiedade misturada com medo.
   B) Vontade de ter mais liberdade.
   C) Energia, já estou em movimento.
   D) Responsabilidade, porque já tenho um negócio.

2. Minha relação com a estabilidade hoje:
   A) É meu porto seguro. Não quero abrir mão.
   B) Me prende, mas ainda dependo dela.
   C) Estou saindo dela ou equilibrando os dois mundos.
   D) Já rompi. Vivo dos meus próprios resultados.

3. Em relação à minha identidade profissional, eu me vejo como:
   A) Funcionário de uma empresa.
   B) Profissional com um projeto paralelo.
   C) Empreendedor em fase de transição.
   D) Líder do meu negócio.

4. Quando o assunto é tomada de decisão:
   A) Espero o cenário ideal.
   B) Penso muito antes de agir.
   C) Avalio e me movo com estratégia.
   D) Decido com rapidez, mas com critério.

5. Sobre marketing e posicionamento:
   A) Tenho vergonha de me expor.
   B) Sei que preciso, mas não sei como começar.
   C) Estou aprendendo e testando aos poucos.
   D) Me posiciono com clareza, sei quem eu sou e o que entrego.

6. Em relação à gestão de tempo e finanças:
   A) Dependo do salário fixo, meu mês é travado.
   B) Tento organizar, mas ainda misturo tudo.
   C) Estou estruturando meu plano e fluxo.
   D) Tenho visão clara dos números e priorizo o planejamento.

7. Quando penso no futuro da minha carreira, vejo:
   A) Dúvida, não sei o que quero.
   B) Desejo, mas sem plano ainda.
   C) Uma direção, com ajustes em andamento.
   D) Um negócio com propósito e possibilidade de escala.

RESULTADOS

Maioria A – O sonhador em conflito

Você sente o chamado para algo novo, mas ainda está preso à segurança do conhecido. Não é hora de pular, mas de entender suas resistências. O próximo passo é buscar clareza.

Maioria B – O explorador em acordo interno

Você já reconheceu que quer algo diferente. Está na fase de pesquisa, autoconhecimento e pequenos testes. É hora de montar o esboço do seu plano.

Maioria C – O empreendedor em travessia

Você está com uma perna em cada mundo. Já tem ação, mas ainda falta solidez. Agora o foco é estruturar, delegar, comunicar e consolidar.

Maioria D – O dono do jogo

Você já atua como empreendedor. Mas lembre-se: não basta ter um negócio, é preciso cuidar de si, manter consistência e evoluir com estratégia.

SUCESSO NÃO É PERMANECER. SUCESSO É SE PERMITIR EVOLUIR.

03.

RESSIGNIFICANDO AS ESTRUTURAS INVISÍVEIS

Tudo ao seu redor continua igual: o trabalho, a rotina, as pessoas. Tudo parece estar em ordem, mas há algo dentro de você que não encontra mais lugar no que antes fazia sentido. Isso não é crise; é consciência, talvez um caos necessário, afinal, tomar consciência dói. Lembre-se: você não está perdido, está em transição.

Durante muito tempo, venderam para nós um modelo de sucesso baseado em estabilidade, linearidade e obediência. Disseram que bastava estudar, conseguir um bom emprego, construir uma carreira sólida, acumular conquistas e, por fim, aposentar-se em paz. Aquilo que antes era chamado de segurança, hoje soa como prisão. O que já foi símbolo de status se transformou em sinônimo de cansaço. A estabilidade, por tanto tempo idealizada, agora revela o peso da estagnação. Estamos vivendo o esgotamento de um modelo civilizatório, não apenas profissional ou econômico, mas de sentido, de pertencimento, de identidade.

A era industrial nos moldou para repetir. A era corporativa nos condicionou a obedecer. A era digital nos seduziu com a promessa de liberdade. E a era da inteligência artificial escancara a verdade: se sua presença no mundo se resume ao que você sabe fazer, então você se tornou substituível.

O colapso não acontece apenas do lado de fora. Ele se instala silenciosamente por dentro, nas emoções abafadas, nas perguntas sem resposta, no desconforto crescente com uma vida que já não abriga quem você está se tornando.

***

Ao longo da história, a humanidade se organizou em torno de ficções coletivas. Como conta o historiador e escritor best-seller no mundo todo, Yuval Harari, em *Sapiens*, a nossa espécie se organizou ao longo da história criando mitos, crenças e estruturas – como dinheiro, religiões, empresas e nações – que, embora sejam construções imaginárias, passaram a reger a vida em sociedade. É uma reflexão profunda sobre como essas invenções moldaram quem somos e como vivemos até hoje. Criamos sistemas inteiros: religiões, corporações, nações, moedas; construções imaginárias que só existem porque milhões de pessoas acreditam nelas ao mesmo tempo.

Carreiras, cargos, estruturas de poder e hierarquia também são parte dessa arquitetura invisível. São narrativas criadas para dar ordem ao caos e que, com o tempo, se impuseram como verdades absolutas. Mas o que acontece quando essas verdades já não sustentam nossa experiência de vida?

Estamos diante de um ponto de inflexão. O contrato coletivo que nos dizia como viver, trabalhar e vencer está em crise. A promessa de estabilidade virou ansiedade. O valor do esforço já não garante retorno. O papel social que ocupamos não garante mais significado. A inquietação que você sente, portanto, não é apenas pessoal; é civilizatória. É o seu organismo emocional detectando que a ficção social à qual você se adaptou não conta mais a sua história.

Como nos revela *Sapiens*, o que tornou o *Homo sapiens* dominante entre todas as espécies não foi a força física nem a superioridade biológica, mas a capacidade singular de imaginar, de criar e de sustentar narrativas coletivas. Não vencemos por sermos os mais fortes, mas por sermos os que contavam as histórias mais convincentes e, muitas vezes, mais convenientes.

E agora, neste tempo em que estruturas desmoronam e tecnologias se transformam antes mesmo de serem assimiladas, adaptar-se mecanicamente já não basta. A sobrevivência (e, mais do que isso, a relevância) pertence àqueles que ousam ressignificar o próprio papel, romper com narrativas herdadas e escrever, com lucidez e coragem, a sua própria história. Porque, como nos ensina a história da nossa espécie, sistemas mudam, impérios caem, crenças evoluem. E aqueles que ousam pensar além do que lhes foi ensinado são os que constroem os novos mitos, com mais verdade, mais liberdade, mais impacto.

É preciso entender que vivemos um momento de transição profunda no ambiente do trabalho e da nossa relação com o trabalho. O mundo tem mudado cada vez mais rápido e isso impacta diretamente nossas vidas. A velocidade tomou o lugar da presença. A produtividade se impôs sobre o propósito. A conectividade esmagou a conexão. E a inquietação que você sente, essa que insiste em chamar sua atenção no meio da madrugada, não está ligada a trocar de área, fazer um novo curso ou buscar uma promoção. É o rompimento com a lógica de ser tratado como peça. É a decisão de não viver mais no automático.

Durante décadas, nos ensinaram a nos definir por títulos: "sou advogado", "sou analista", "sou gerente". Crachás caem; cargos mudam; mercados evaporam. E então, quem é você sem

ESSA INQUIETAÇÃO QUE VOCÊ SENTE É A DECISÃO DE NÃO VIVER MAIS NO AUTOMÁTICO.

MUDANÇA ESTRATÉGICA, CRESCIMENTO INEVITÁVEL

@CHAICARIONI

o papel que te nomeia? Esse vazio que aparece, e que assusta em um primeiro momento, é na verdade um convite. O convite para descobrir quem você é para além do papel que desempenha. Para reconstruir a própria trajetória a partir do que tem valor, e não apenas do que tem função.

Talvez você tenha escutado frases como:

"Você já tem uma carreira sólida, vai jogar tudo fora?"

"Você tem contas a pagar, família para sustentar."

"Não é hora de arriscar."

Essas vozes, embora pareçam vir de fora, são o eco ampliado das inseguranças que você já carrega em silêncio. Vestem-se de cuidado, soam como conselhos, mas agem como grades. Travestidas de razão, bloqueiam sua partida antes mesmo que você anuncie seu destino.

As Gerações Y e Z estão na linha de frente desse conflito. Cresceram ouvindo que poderiam ser o que quisessem, mas entraram no mercado de trabalho e descobriram que o sistema ainda cobra obediência. Encontraram liberdade nas redes, mas escassez de pertencimento na vida real. Foram incentivadas a buscar propósito, mas pressionadas a performar sem pausa.

Mais da metade dos profissionais das Gerações Y e Z estão em busca de novos caminhos. Não necessariamente porque fracassaram, mas porque despertaram. Descobriram que viver por performance é morrer por dentro em câmera lenta. E querem mais, não em volume, mas em verdade.

O resultado? Burnout precoce. Crises de identidade. Sensação de que estão sempre atrasadas, mesmo quando estão avançando. Segundo a Organização Mundial da Saúde (OMS), os transtornos mentais já são a principal causa de afastamento do trabalho em dezenas de países.[6] Isso não é coincidência, é sintoma. A crise não é individual, ela é coletiva, sistêmica, estrutural. E a pergunta que ecoa para dentro de tantos profissionais inquietos não é mais "o que fazer agora?", mas "quem eu estou pronto para ser?".

A transição que você atravessa não revela fraqueza. Revela expansão! Sua mente já não habita os mesmos contornos, pois sua visão alcança territórios que antes sequer existiam. A biografia que você escreveu até aqui não dá conta do enredo que seu futuro exige, porque algo se deslocou. E esse processo é natural e normal – não precisa ser temido. A partir do momento em que decidir encarar a transição, você caminhará ao lado da coragem. Quieta no início e sem espetáculo; e isso não significa fuga. Mas sim a decisão de fazer essa caminhada com calma, estratégia e consistência. Não se trata mais de impulso, e sim de lucidez. Não é recusa, é direção. A pergunta, então, já não é mais o que fazer. A pergunta real é: **quem sou eu, agora que não sou mais quem fui e ainda não cheguei a ser quem posso**?

Você não precisa correr, mas se posicionar e começar a ocupar o espaço que só você pode ocupar, não como função, mas como presença. É aqui que entra a causa de empreender – não como solução financeira, mas como resposta existencial.

Empreender é assumir, com liberdade e intenção, o lugar de quem cria valor a partir da própria essência. É deixar de atuar sob papéis herdados e começar a ocupar um espaço autoral no mundo.

---

[6] ORGANIZAÇÃO PAN-AMERICANA DA SAÚDE (OPAS); ORGANIZAÇÃO MUNDIAL DA SAÚDE (OMS). **OMS destaca necessidade urgente de transformar saúde mental e atenção**. 17 jun. 2022. Disponível em: https://. paho.org/pt/noticias/17-6-2022-oms-destaca-necessidade-urgente-transformar-saude-mental-e-atencao. Acesso em: 28 maio 2025.

É reconhecer que há algo em você (único, preciso, vivo) pronto para ser compartilhado. E entender que servir, nesse contexto, não é submeter-se, mas expandir-se. Empreender não é uma recusa ao sistema, mas um exercício de soberania. É o gesto de quem compreende que liberdade não é ausência de limites, e sim a escolha consciente de como e por que ocupar o próprio lugar é poderoso. É uma decisão de alinhar existência e entrega, ideia e impacto, identidade e responsabilidade.

Empreender é posicionamento. É a decisão de transformar quem você é em valor claro para o mundo. Não depende de cargos nem de permissões. Depende de clareza, ação e visão.

***

E é nesse ponto de virada que conhecemos a história da Ana Maria. Foi em uma tarde comum que ela, entre uma tarefa e outra, escutou um podcast em que eu falava sobre empoderamento feminino, não o que levanta bandeiras ideológicas, mas o que brota do servir com consciência, da cura do feminino ferido, da honra à ancestralidade. Falava do poder que transborda quando uma mulher se reconcilia com sua história, sem precisar provar nada, sem precisar lutar contra tudo. Apenas ser. Aquela voz encontrou um espaço nela que estava adormecido.

Ana Maria não me conhecia. Nunca tinha ouvido falar da Chai Carioni. Mesmo assim, naquele mesmo dia, comprou o livro *Guerreiras dizem sim para si mesmas*. E, ao mergulhar nas páginas, teve a sensação de estar lendo não a história de outra mulher – mas a própria. O livro provocou o que livros vivos fazem: abriu portais. Falava com ela, por ela, dela.

QUEM É VOCÊ SEM O PAPEL QUE TE NOMEIA?

Com o coração tocado, Ana fez um story no Instagram marcando meu perfil. Nada elaborado – apenas um gesto espontâneo de quem queria compartilhar algo que tinha feito sentido. Naquele tempo, cada mensagem já era lida por mim. Sem automações, sem respostas prontas. Eu ainda gosto de estar ali, presente. E, como empreendedora que sou, já tinha um convite escrito com carinho, que enviava pessoalmente para quem mencionava o livro. Era minha forma de honrar cada conexão – uma a uma, com presença e propósito.

Foi assim que ela recebeu minha mensagem. E, junto com ela, um presente: acesso gratuito a quatro aulas minhas como mentora. A partir dali, a menção virou vínculo, a leitura virou portal, e um dia ela decidiu me ver ao vivo, em um evento aberto onde eu falava sobre coragem, legado e reconexão.

Foi naquele encontro, com presença e olhos nos olhos, que o elo virou conexão de alma. Ana se tornou minha cliente, minha guerreira, uma mulher que não precisava romper com o passado para evoluir, apenas encontrar formas de integrá-lo. Pediu demissão da escola pública, não porque rejeitasse sua história, mas porque entendeu que podia continuar ensinando, agora de outro lugar, com mais liberdade, com mais amplitude.

Ela envolveu-se de corpo, voz e visão com a empresa que tinha fundado com o marido aos 19 anos, e que por anos viveu sem sua presença ativa. Descobriu que aquele negócio precisava muito mais dela do que ela imaginava. Não para ocupar uma função, mas para ocupar o centro. Olhou para seus três filhos e disse uma frase que ainda ecoa:

"Eu voltei para casa, mesmo sem nunca ter saído daqui."

Ana Maria não é uma exceção, mas um espelho. Quantas pessoas você conhece que continuam vestindo a roupa de um personagem que já não lhes serve? Quantas seguem em frente arrastando uma função, enquanto por dentro algo grita para mudar? Essa tensão não é erro de percurso, é o chamado da integridade. Em algum ponto da jornada, a biografia precisa se alinhar à identidade. Quando isso acontece, o que chamamos de crise deixa de ser ameaça – e passa a ser portal.

A crise é uma fenda por onde a luz da verdade entra. O que parece colapso é, na verdade, revelação. O que parece perda de direção é ganho de visão. A inquietação que você sente não é um desvio, é o sintoma de que o mapa antigo já não corresponde ao território atual. Não é que você esteja sem rumo. É que o rumo anterior deixou de fazer sentido. Sua mente evoluiu. Sua consciência se expandiu. E agora, a vida que você construiu, por mais digna que seja, não comporta mais quem você se tornou.

A pergunta que emerge, então, não é mais "o que fazer?". A pergunta real é: "o que faz sentido ser agora?". A era da técnica perdeu espaço para a era da presença, a era da produtividade cede terreno à era da percepção. Você pode reconstruir seu papel no mundo com base naquilo que só você, com sua história, visão e sensibilidade, pode oferecer. Não como tarefa, mas como resposta.

No próximo capítulo, você vai conhecer o nome que dou a esse processo: Movimento Estratégico, porque você não vai mudar de vida por impulso. Você vai mudar com consciência, método e visão. E talvez, pela primeira vez, você não mude para ser vista, validada ou reconhecida. A mudança virá de outro lugar: da lucidez de quem sabe que já é. E da coragem de viver à altura dessa verdade. Não para provar algo, mas para habitar, com coerência, a identidade que sempre esteve em você, esperando espaço para emergir.

EMPREENDER É POSICIONAMENTO. É A DECISÃO DE TRANSFORMAR QUEM VOCÊ É EM VALOR CLARO PARA O MUNDO.

MUDANÇA ESTRATÉGICA, CRESCIMENTO INEVITÁVEL

@CHAICARIONI

04.

MOVIMENTO ESTRATÉGICO

Por muito tempo, nos fizeram acreditar que crescer era subir uma escada linear, degrau por degrau, sem jamais recuar. Esse modelo, porém, já não funciona mais. O crescimento hoje é espiral: exige revisitar a origem, desapegar do que já venceu e abrir espaço para o que não sabemos nomear. E, muitas vezes, exige reconhecer que há ciclos que se encerram antes mesmo de serem formalmente finalizados.

O problema não é que você está fracassando. O problema é tentar se manter em uma estrada linear que ficou antiga e antiquada. É tentar se manter em linha reta quando o mundo está em um formato espiralado. Crescer, às vezes, significa justamente isto: ter a coragem de romper com estruturas que deram certo, mas que já não fazem mais sentido. É enfrentar a morte simbólica daquela versão sua que já funcionou… mas que agora te sufoca.

Por trás dessa inquietação contemporânea, que tanta gente sente hoje, está um fenômeno silencioso: a carreira como vício. Ela dá identidade, previsibilidade, aplauso, conforto e uma narrativa socialmente aceitável. Quando, porém, essa carreira se torna uma cortina de fumaça, ela cega você e o impede de enxergar o horizonte com clareza.

DA SOMBRA AO MOVIMENTO

Foram quinze anos de carreira no mundo corporativo. Eu sabia entregar, liderar, resolver. Também experimentei a dor que não sai no crachá: a depressão pós-parto, o vazio no meio da alta performance, a sensação de estar presente nos resultados e ausente de mim mesma. Então, eu parei.

Vendi o carro, desci do salto, e aos 34 anos fui morar na Califórnia com meu marido e nosso filho pequeno. Renunciei à promoção, ao salário e à previsibilidade. E encontrei silêncio, um silêncio que curava.

Na volta, percebi que o mundo ao meu redor seguia igual, e eu já não cabia mais nele. Tentei voltar ao banco, e junto veio o julgamento silencioso. Entre colegas que nunca ousaram parar, eu era a que havia "saído da linha". Minha desconexão não foi com as pessoas; foi com o sistema.

Planejei uma nova gravidez. Se com Luca eu tinha aprendido a me entregar à maternidade e a ter coragem, com Filipe nasceu minha liberdade.

Dei o passo necessário para completar minha transição profissional: abri minha empresa de consultoria, a Impacto, dei início a uma trajetória que é minha e que começou em silêncio, em uma sala emprestada. Vieram os primeiros contratos, o digital, as redes sociais, os cursos on-line, o posicionamento de marca pessoal, a construção de autoridade e presença no ambiente virtual. O digital ampliou a voz, mas também exigiu estratégia e constância. Depois vieram os palcos. A sala emprestada virou uma empresa. E a empresa se expandiu – em salas, em vozes, em propósito. O que era provisório virou plano; o que era começo virou movimento; o nome virou marca.

Entre o nascimento do Filipe e a criação da Impacto, a vida apertou o passo. Não foi só a maternidade que me atravessou – foi um renascimento completo. Nesse intervalo curto, denso e irreversível, vivi um AVC que reposicionou minhas prioridades. Enxerguei, ali, que não dava mais para adiar o essencial. Foi quando meu marido virou também meu sócio. E essa parceria expandiu não só a empresa, mas a vida. Começamos pequeno, com coragem e fé, e o que era rascunho virou estrutura: contratos relevantes, reconhecimento nacional, faturamento em escala. Cada conquista por fora pedia um realinhamento por dentro.

E, mesmo depois de tudo isso, a travessia mais profunda ainda estava por vir, dentro da nossa casa, no silêncio da nossa sociedade conjugal. Estávamos eu e Augusto, depois de mais um dia intenso, tentando conversar sobre o tema que sempre nos atravessou com desconforto: dinheiro.

Depois de quase duas décadas de relação, compreendi com clareza brutal: ele se sentia inseguro, invisível, desconectado da nossa construção financeira. E eu? Eu me sentia só. Na minha versão, ele parecia distante, resistente, desinteressado em compartilhar. Na versão dele, eu era potente, autônoma, abundante demais para caber em um plano nosso. Eu, guerreira. Ele, herdeiro.

Em silêncio, fomos afastando novas possibilidades nesse aspecto da vida. Permanecemos sócios nos negócios, mas foi nas outras áreas – as mais essenciais – que nossa conexão só se fortaleceu. Talvez por isso o tempo de mudar nossa visão sobre o dinheiro finalmente tenha chegado. E foi nesse movimento de abertura que, no meio de uma revelação espiritual, a verdade se impôs: a dor era minha, o medo também. Medo da traição financeira pela qual vi minha mãe passar. Medo de entregar tudo o que construí com sangue nos olhos e alma nas mãos. Essa ferida profunda era minha herança. Uma história que eu tentava rejeitar, mas que ainda guiava minhas decisões.

Só que nós não somos nossos pais. Temos a nossa própria história, e ela merece ser contada com outras palavras. Eu não estou sozinha. Ele não está de fora. A Impacto é a nossa empresa. Cada ideia, cada conquista, cada reinvenção tem um "nós" por trás. E quando o futuro é sonhado junto, ele é também sustentado junto.

SE VOCÊ TENTAR SUSTENTAR UMA GRANDE MISSÃO SÓ COM TÉCNICA, VAI FALTAR AR; SE FOR SÓ NA FORÇA DO BRAÇO, VAI FALTAR PAZ; SE FOR SÓ COM EMOÇÃO, VAI FALTAR CHÃO.

@CHAICARIONI

Entendi que, assim como eu, ele também tem suas inseguranças, seus receios, suas próprias faltas de rota de fuga. Mas o que nos une é maior do que o que nos separa. A revelação que veio não foi apenas financeira – foi espiritual. Foi cura, reconciliação com o que carregávamos de modo inconsciente, um novo começo.

Hoje, com Luca aos 14 e Filipe aos 10 anos, seguimos aprendendo e evoluindo como casal, como sócios, como corpo que se move na mesma direção. Porque dinheiro é energia em movimento. Quando está parado ou carregado de tensão, ele paralisa o casal. Quando é organizado com propósito, ele vira ponte – não barreira.

Agora, estamos no ciclo da construção madura, da parceria real. Ninguém precisa provar mais nada. Só construir juntos. A abundância chegou. Mas ela só pode crescer onde há raiz curada, por isso digo que essa metanoia chegou com uma clareza poderosa: o que eu ainda não dizia em voz alta é que o Espírito Santo sempre esteve ali. Era Ele quem me conduzia, mesmo quando eu chamava de intuição, energia, forças do universo. A verdadeira virada veio ao longo dos últimos três anos, quando de maneira sobrenatural encontrei pessoas muito espiritualizadas em meu caminho, mulheres que conheciam a Palavra de Deus e, mesmo assim, encontraram em minha voz um meio de ser mensageira da verdade que existia nelas. Foi em um salto de consciência que não exige performance, só entrega. Eu disse "sim" para cada uma delas e aprendi muito mais do que ensinei.

Então, pela primeira vez, em honra a cada uma delas também, eu decidi usar como referência o Livro dos livros: a Bíblia. E já quero dizer isto a você com amor: não se trata de evangelizar ninguém, nem convencer você de nada. Trata-se de reconhecer que existe uma sabedoria que atravessa os séculos e ilumina decisões que nenhuma planilha explica. Ainda estou aprendendo, mas já entendi uma coisa: empreender é uma decisão de corpo, alma e espírito. Porque, se você tentar sustentar uma grande missão só com técnica, vai faltar ar; se for só na força do braço, vai faltar paz; se for só com emoção, vai faltar chão.

"SEM FUNDAÇÃO NO ESPÍRITO, NENHUMA OUSADIA SE SUSTENTA."

> *"[...] o cordão de três dobras não se rompe com facilidade."* *(Eclesiastes 4:12)*[7]

Primeiro veio o corpo: a carreira, as conquistas, a maternidade. Depois a alma: os questionamentos, o chamado, o legado. Agora é o tempo do espírito: a leveza de saber que sou filha amada de um Pai que cuida até quando tudo parece forte demais para uma só mulher carregar.

Essa é a verdade que ancora o que você vai encontrar nos próximos capítulos. Porque agora, mais do que nunca, o método que ensino é sustentado por algo eterno. Não foi uma conversão apressada, foi um reconhecimento. Um reencontro com quem me criou e me chamou pelo nome antes que o mundo tentasse me rotular por função.

Minha coragem passou a ter raiz. Minha missão, direção. O que era estratégia virou fé em movimento.

Ser cristã não me afastou do mundo, me reconectou com a fonte. Fez do meu trabalho uma entrega. Fez da minha vida um serviço. Por isso, o método que você vai conhecer neste livro não nasceu apenas

[7] Citações bíblicas padronizadas de acordo com a Bíblia Nova Versão Internacional (NVI). Disponível em: https://bibliaonline.com.br/nvi. Acesso em: 16 jun. 2025.

da minha experiência profissional. Ele nasceu da minha história com Deus, e é por isso que funciona.

Porque não fala só com a mente, mas também toca o espírito de quem já sabe que precisa virar a chave, mesmo sem saber por onde começar. E não foi a viagem, nem o curso, nem a nova casa. Foi o instante em que eu me entreguei e as defesas caíram, sem plateia. Foi aquele momento em que tudo o que você sustenta por fora rui por dentro e, no silêncio, você finalmente se escuta. Não porque escolheu, mas porque já não havia ruído suficiente para distrair.

Na Califórnia, não aprendi a ser outra. Aprendi a ser quem eu era antes do currículo, do reconhecimento e das respostas automáticas. Ali, entre cafés vazios, o choro de uma criança e o som calmo do Pacífico, descobri que o maior cargo que eu podia ocupar era o de ser inteira.

Essa descoberta não teve nome, cargo ou certificado. Foi um marco invisível, um reposicionamento interno. E, de tudo o que já vivi, nada foi mais determinante do que isso. Reposicionar a identidade não é uma frase bonita, é um processo dolorosamente verdadeiro. Uma ferida. O início da caminhada sem manual. Um passo dado sem necessidade de provar mais nada, nem para o mundo, nem para si.

Foi dessa raiz que nasceu o que hoje chamo de Coragem Estratégica.

***

- **Coragem Estratégica** é o nome que eu dou à capacidade de atravessar uma transição profissional ou de vida com consciência, método e fé. É quando você entende que não dá mais para sustentar uma vida que já não te representa, mas também escolhe não agir no impulso nem na fuga. Ela se sustenta em cinco pilares:

- **Ouvir o chamado interior com lucidez**. Perceber, com honestidade, que algo dentro de você mudou. É reconhecer que não dá mais para ignorar a voz que pede transformação.
- **Honrar o que já foi construído**. Não se trata de romper, rasgar ou jogar fora sua história, mas sim reconhecer o valor do que te trouxe até aqui, mesmo que já não te leve mais adiante.
- **Reposicionar a rota com método**. Mudar não é pular no escuro. É criar uma estratégia clara, viável e sustentável – que alinha quem você é com o que você quer construir daqui para a frente.
- **Agir antes de a paralisia virar adoecimento**. A transição não pode esperar a exaustão chegar. É preciso se mover enquanto ainda há energia, clareza e vontade – antes que o corpo e a mente gritem mais alto.
- **Construir algo novo com fundamento emocional, espiritual e técnico**. Negócio, carreira, propósito... tudo isso precisa estar ancorado em três bases: equilíbrio emocional, alinhamento espiritual e competência técnica. É isso que não só garante o início da jornada, mas também a sustenta.

***

Porém, antes de continuarmos, precisamos fazer uma pergunta que parece muito básica, mas nem sempre é feita: o que define uma carreira? E o que define empreender?

Carreira é o caminho profissional que se decide trilhar. O que se chama de "caminho" varia conforme cultura, época, papéis sociais e necessidades. Para uns, é estabilidade. Para outros, progresso. Para muitos, sobrevivência. Cada geração enxerga a carreira por lentes diferentes. E cada país, por contextos únicos.

O empreendedor não percorre uma escada. Ele abre o mato, testa o chão, constrói a ponte e desenha o mapa – tudo ao mesmo tempo. Empreender é assumir autoria. É você quem define o campo, o jogo, a meta e os critérios de vitória.

Por isso, mudança estratégica não é luxo. É a base necessária para empreender. E empreender com clareza vira legado, porque nós não precisamos de mais cumpridores de metas alheias, mas de pessoas dispostas a construir realidades conscientes.

A PSICOLOGIA DO RESSIGNIFICAR: OS 3 PS DA RESILIÊNCIA

Martin Seligman, um dos pais da Psicologia Positiva, ensina que a resiliência nasce da integração de três elementos. O primeiro é a **personalização**, que é quando você entende que não é o problema – mas, sim, que carrega responsabilidade sobre como vai responder ao que acontece. Depois vem a **permeabilidade**, que te lembra que a dor é real, sim, mas não é eterna. E, por fim, a **permanência**, que é saber que um erro, uma fase difícil ou uma escolha que não faz mais sentido... não define a sua história inteira.

Esses três pilares são muito mais do que teoria. Eles são ferramentas práticas, sobretudo para quem está vivendo uma transição de carreira. E é exatamente aqui que entra a mudança estratégica: um caminho para quem tem história e quer ressignificar. Ou para quem decidiu, agora, começar a construir uma história que tenha mais sentido, mais verdade e mais presença. Até porque a solução não é destruir sua carreira, mas ressignificar sua história.

A maioria busca por mudanças sem perdas; porém, a verdadeira perda é não viver o que você nasceu para experimentar. Empreender não se resume a deixar um emprego – inclusive, você pode e deveria já estar empreendendo dentro do seu trabalho. Empreender é um estilo de vida, um comportamento que está ligado à abundância e a se sentir inteiro no seu propósito. E isso é tão forte que meus antigos empregadores se tornaram meus clientes. Quando a gente encontra a Verdade, o caminho se abre.

Esse processo é o momento do crescimento e do amadurecimento, de assumir a responsabilidade de viver aquilo que pulsa em você como missão. E missão exige entrega completa: do corpo, da alma e do espírito. Mudança estratégica representa essa entrega, uma decisão lúcida, firme e conectada a um caminho que une propósito, estrutura e fé.

Com apenas cinco passos, frutos de mais de uma década de transição, estudo, prática e transformação acompanhando milhares de vidas por meio dos meus cursos, mentorias, livros, palestras e conteúdos nas diferentes plataformas, você aprenderá:

1. **Coragem para empreender**: encarar os sabotadores internos, reconhecer medos e convertê-los em movimento intencional.
2. **O restart**: entender que recomeçar não é regredir, mas partir de um ponto novo, com toda a bagagem que a vida já lhe deu.
3. **A construção**: planejar com clareza, estabelecer metas reais e construir uma rotina estratégica, compatível com quem você é.
4. **Produtividade com propósito**: eliminar o excesso, priorizar o essencial e fazer o que precisa ser feito, com foco e direção.
5. **O palco é seu**: assumir a sua presença no mundo com autenticidade, autoridade e entrega de valor.

Cada passo é parte de uma jornada viva. Não se trata de teoria nem de fórmula engessada. É uma trilha possível, provada e disponível agora para você.

A VERDADEIRA PERDA É NÃO VIVER O QUE VOCÊ NASCEU PARA EXPERIMENTAR.

05.

CORAGEM PARA EMPREENDER

Eu não sou do tipo que consegue desligar facilmente. Meu cérebro não faz silêncio com facilidade, mesmo quando o corpo pede pausa, a alma inventa pauta. Não costumo descansar do meu ritmo criativo, comunicativo e inquieto de ser; isso não significa que estou certa, muito menos porque sinto meu corpo exausto com mais frequência do que antes, e mesmo assim minha mente segue em movimento. Por ter essa consciência e não achar mais bonito viver acelerada, costumo criar gatilhos para relaxar.

Sentir-me em paz é um desejo que nasceu depois dos meus 40 anos; o conceito de paz para mim envolve ordem, processos, pessoas e planos. E foi assim, entre um intervalo e outro do meu próprio planejamento estratégico – em busca de "paz e pix" –, que, em 2023, convidei uma cliente da minha mentoria para mergulharmos no universo da beleza e bem-estar, e compramos um salão de beleza no shopping, um setor completamente novo para mim e uma operação bastante desafiadora.

Não tinha experiência na área nem planejamento. Mas tinha algo que me movia há anos: a coragem de fazer antes de saber tudo. E foi ali, entre lavatórios, profissionais talentosos e clientes contando histórias no meio do barulho do secador, que compreendi mais uma vez a essência do empreender: você sente que não cabe mais dentro da teoria e precisa viver um novo campo de realidade.

Começamos o negócio com uma visão, com meu histórico de cliente antiga e mentora do time de profissionais em 2016 e 2017, e a vontade da minha sócia de fazer a diferença na vida das pessoas. Mas, sinceramente? Nós nos deparamos com um cenário de zero familiaridade, nenhum manual, nenhuma planilha de viabilidade antes. Apenas uma certeza: era hora de testar a coragem fora do script.

O salão virou muito mais que um ponto comercial. Virou espaço de observação, de laboratório humano. Ali entendi, de novo, que empreender não começa com segurança, mesmo que essa seja uma das principais motivações que me fez investir nesse setor. De acordo com as pesquisas que fiz, o mercado de *wellness* (beleza e bem-estar) demonstra resiliência e crescimento mesmo em períodos de crise econômica, tornando-se um setor estratégico para novos negócios e transições de carreira.

Além do mais, o autocuidado virou símbolo para mostrar que você tem tempo e consciência, tornando-se, inclusive, sinal de status. Millennials e Gen Z estão trocando baladas por silêncio e dopamina limpa, pois cuidar de si mesmo virou um jeito novo de dizer: "Eu pertenço". Considerando que os jovens valorizam serviços próximos, conveniência, conexão e relacionamento, empreender nesse setor tornou-se viável aos olhos do futuro, mesmo dando um passo no escuro.

Onde empreender?

Os dados mostram que, mesmo em contextos econômicos desafiadores, existem setores que não apenas resistem, mas crescem. Alguns deles:

- *Wellness*, saúde emocional e beleza: a economia global do bem-estar movimentou 6,3 trilhões de dólares em 2023. No Brasil, o setor de beleza cresceu mesmo durante a pandemia e segue com previsão de crescimento anual de 7% até 2027.[8]

- Educação on-line e mentorias: os Millennials valorizam aprendizado contínuo e desenvolvimento pessoal. O crescimento do mercado de infoprodutos, cursos livres e programas de mentoria é uma resposta direta a essa demanda.
- Negócios de impacto social e ambiental: a Geração Millennial quer contribuir com algo maior. Negócios que alinham propósito e sustentabilidade têm maior engajamento, financiamento e lealdade do público.
- Serviços para novas configurações familiares: cuidadores, projetos voltados à parentalidade consciente, nutrição infantil, apoio emocional e psicopedagógico, tudo isso forma um ecossistema de apoio à vida moderna.
- Mercado prateado (longevidade): nunca houve tantos adultos com mais de 60 anos em busca de qualidade de vida, tecnologia acessível e serviços personalizados. Uma oportunidade para quem quer servir com maturidade.

E como decidir? Inicialmente, tenha sempre a clareza como meta. Por isso, você precisa se conhecer e conhecer o seu mundo, o mundo que você influencia e pelo qual é influenciado. A seguir, apresento os passos que me ajudaram a tomar essa decisão.

Encontre o cruzamento entre a demanda existente e a própria história (depois de fazer um estudo de mercado, como você viu

[8] GLOBAL WELLNESS INSTITUTE. **2024 Global wellness economy monitor**. 2024. Disponível em: https://globalwellnessinstitute.org/industry-research/2024-global-wellness-economy-monitor. Acesso em: 15 jun. 2025.

anteriormente): empreender com autenticidade é observar o que o mundo precisa e unir isso com o que você carrega. Sua dor, seu dom, sua experiência, tudo isso vira solução para alguém.

Sempre fui vaidosa – neta da dona Íris, uma mulher exuberante que me levava ao salão de beleza em Tupanciretã, minha cidade natal, no Rio Grande do Sul. Foi com ela, entre maquiagens, saltos altos e colares de pérolas, que aprendi que beleza vai muito além do adorno: é expressão, é presença, é identidade. Há mais de quinze anos escolhi um salão e um cabeleireiro para chamar de meus. Mais do que cliente fiel, construí vínculos reais com os profissionais. Em um momento de virada para todos nós – eu em transição do mercado financeiro para o desenvolvimento humano, e eles saindo do modelo de franquia rumo à marca própria – tive a oportunidade de treiná-los. E, assim, o que era cuidado virou parceria.

Ao liderar um movimento feminino com eventos, imersões e encontros, comecei a perceber algo além da inspiração: havia uma oportunidade real de transformar esse vínculo em negócios com mais escala e que dependesse menos da minha entrega operacional. Tudo, claro, sem perder o propósito.

O desejo de servir, de estar próxima e criar experiências me levou à decisão de empreender também nesse setor, e foi assim que nasceu a ideia de me tornar sócia de um salão de beleza. O espaço, que já era referência para mim como cliente, passou a ser também um território de criação, gestão e conexão. Hoje, um ano depois dessa virada, assumi a operação integralmente, após comprar a parte da minha sócia. O salão agora carrega minha visão e a minha fé como um símbolo de tudo que acredito sobre liderança, presença e negócios com verdade.

EMPREENDER COM AUTENTICIDADE É OBSERVAR O QUE O MUNDO PRECISA E UNIR ISSO COM O QUE VOCÊ CARREGA.

Comece pequeno, mas com visão: você não precisa abandonar tudo para testar uma ideia. Comece com o projeto-piloto. Faça um produto mínimo viável. Valide com um grupo pequeno. Corrija. Cresça.

Quando decidi empreender no salão, não foi com um plano fechado. Eu já frequentava o espaço, conhecia os bastidores, confiava nas pessoas, mas, ainda assim, entre gostar da ideia e assumir a cadeira da liderança, havia um abismo. Então comecei pequeno: entrei como sócia parcial, observei, propus melhorias pontuais, testei uma nova linha de produtos, organizei um modelo de evento-piloto. Aos poucos, fui validando a minha presença no negócio. Ouvi, ajustei, testei de novo. Cresci. Um ano depois, já segura do caminho e com a visão mais nítida do que poderia construir ali, comprei a parte da minha sócia.

A construção foi orgânica, mas intencional. E esta é a chave: você não precisa abandonar tudo para testar uma ideia. Precisa se colocar dentro da realidade, testar em escala menor, escutar com humildade e agir com visão. É assim que as ideias deixam de ser sonhos e viram negócios com a sua marca.

Posicione-se com clareza: as pessoas compram clareza. Seja específico em sua oferta, seu público, seu valor. Não venda tudo para todo mundo: posicione-se com foco.

Deixe-me contar uma história que aconteceu comigo no ano passado, quando em um dos eventos onde fui palestrar em Alphaville, São Paulo, escutei algo sobre foco que me desconcertou e ao mesmo tempo me acordou: "Desfoque para focar!". Era uma frase que eu já usava em discursos, mas não alinhava na prática, simplesmente pelo fato de não focar. Clareza exige foco.

Então, antes de sair comunicando o que você faz ou irá fazer, tenha clareza, tenha foco e posicione-se. No início, quando tentei agradar todo mundo, criei confusão. Era conteúdo demais, produtos demais. Foi só quando defini com precisão para quem eu queria falar, o que exatamente eu entregava e por que aquilo tinha valor, que tudo começou a mudar. Os convites chegaram, os clientes se engajaram, o negócio cresceu. O foco não me limitou – me posicionou. Quando você se comunica com nitidez, quem precisa de você sabe exatamente onde te encontrar.

Use a tecnologia com intenção: é importante entender que você não precisa viralizar, mas criar conteúdo útil, autêntico e constante. Redes sociais são ferramentas – não metas.

No início da minha jornada digital, eu também caí na armadilha dos números: likes, seguidores, alcance. Mas foi com um post simples, feito com sinceridade e sem nenhuma estratégia mirabolante, que recebi uma mensagem que nunca esqueci: "Você falou exatamente o que eu precisava ouvir hoje". Aquilo me ensinou o que nenhum algoritmo ensina: o valor está na verdade, não na performance.

Foi em uma frase estática criada pela nossa agente de IA (ChatGPT, também apelidado carinhosamente de ChaiIA), para um post despretensioso para cumprir a agenda do Dia das Mães, que viralizamos recentemente. Essa frase continua no feed do meu Instagram: "Maternidade não é pausa na carreira, é mestrado em gestão".[9] Por isso, eu digo e repito: você não precisa viralizar, mas criar conteúdo útil, autêntico e constante. Redes sociais são ferramentas, não metas; são meio, não fim. Para ampliar sua voz, não metas para alimentar sua ansiedade. Quando você entende isso, passa a servir com liberdade e comunicar com direção.

---

[9] CARIONI, C. Maternidade não é pausa na carreira, é mestrado em gestão. Instagram: @chaicarioni. Disponível em: https://instagram.com/p/DJhzQ2syg8k. Acesso em: 18 jun. 2025.

Lembre-se: liberdade exige estrutura. A Geração Z valoriza autonomia, mas às vezes confunde liberdade com ausência de estrutura. Já os Millennials desejam propósito e flexibilidade, mas ainda lutam para sustentar essa liberdade com constância. Em ambos os casos, é preciso compreender: liberdade real exige processos. Ter rotina não é perder a leveza, é criar espaço para que a leveza exista. É preciso planejar a agenda, organizar as finanças, cultivar disciplina emocional e construir consistência. Porque, sem estrutura, a liberdade vira peso.

Eu sou dessa geração que cresceu dizendo "quero ser independente". Aprendi da forma mais honesta que liberdade, sem estrutura, vira cansaço; que criar a própria agenda sem saber onde está o dinheiro ou para onde vai a energia vira frustração. Liberdade exige processos. A minha só veio quando organizei minhas finanças, disciplinei meus horários e aceitei que rotina não me aprisiona, ela me sustenta. A Geração Millennial precisa parar de romantizar a flexibilidade e começar a construir sistemas que sustentem sua própria expansão. Liberdade não é ausência de controle. É saber exatamente quem comanda o seu tempo.

Empreender não é largar tudo, mas testar um novo "tudo" com as ferramentas que você já tem. É um chamado que aparece entre o cansaço e a intuição, entre a razão e aquela centelha que insiste em dizer que existe mais. E sim, ele assusta. Porque exige uma coisa que muita gente não está disposta a entregar: verdade.

Em determinados momentos, a travessia ficará nublada e turva. E não é por falta de recurso, é por excesso de vozes internas – aquelas que se disfarçam de lógica e de prudência, mas que, na verdade, só querem te manter no conhecido, que sabotam o movimento antes mesmo de a ação começar. O escritor

Shirzad Chamine[10] chamou essas vozes de "sabotadores". Eu gosto de chamá-las de personagens mentais. Eles não gritam, mas sussurram bons argumentos e deixam você confuso e inseguro. E se você não aprender a reconhecê-los, acaba chamando medo de planejamento, paralisia de responsabilidade e procrastinação de perfeccionismo.

A melhor forma de silenciar essas vozes é dar nome a elas. Porque, quando você as nomeia, as enxerga. Logo, nomear é o primeiro passo para desativar essas vozes. A seguir, compartilho os sabotadores mais comuns que surgem nas jornadas de transição, com nomes, perfis e estratégias para superá-los.

1. O insistente – a "perfeitinha"
   Sabotador disfarçado de excelência.
   Você vive corrigindo o rascunho e nunca publica a ideia? Está sempre esperando a versão ideal?
   Estratégia: troque perfeição por consistência. Feito é o que transforma. Perfeito demais paralisa.

2. O prestativo – a "supermãe"
   Sabotador disfarçado de altruísmo.
   Você cuida de tudo e de todos, menos de você? Vive servindo, mas se abandona no processo?
   Estratégia: generosidade sem autocuidado vira autoabandono. Coloque sua máscara de oxigênio primeiro.

[10] Em seu livro *Inteligência positiva* (2013), Shirzad Chamine define sabotadores como "um conjunto de padrões mentais automáticos e habituais, cada um com sua própria voz, crença e suposições que trabalham contra o que é melhor para você".

3. O hipervigilante – a “superansiosa”
Sabotador disfarçado de prudência.
Você está sempre imaginando cenários catastróficos? Paralisa em nome de estar preparado?
Estratégia: aceite o inesperado como parte da jornada. Fé no invisível é gestão emocional.

4. O superocupado – a “inquieta”
Sabotador disfarçado de produtividade.
Você faz mil coisas, mas não termina nenhuma? Mente cheia, coração exausto?
Estratégia: criatividade sem direção é distração. Pausar é estratégia, não perda de tempo.

5. O controlador – a “supermulher”
Sabotador disfarçado de liderança.
Você centraliza tudo, não confia em ninguém e vive dizendo “só eu sei fazer”?
Estratégia: confiar é o novo escalar. Sozinho você não cresce, você adoece.

6. O esquivo – a “procrastinadora”
Sabotador disfarçado de calma.
Você sempre espera “o momento certo”? Começa tudo, termina pouco?
Estratégia: ação gera clareza. O momento perfeito é uma ilusão que adia sua coragem.

7. O hiper-realizador – a “workaholic”
Sabotador disfarçado de intensidade.
Você trabalha sem parar, mas nunca se sente satisfeito?
Estratégia: produzir muito não é sinônimo de produzir bem. Intensidade sem direção vira fuga.

8. O mártir – a “vítima invisível”
Sabotador disfarçado de humildade.
Você repete que “não tem sorte”, “ninguém te ajuda” ou “ninguém te vê”?
Estratégia: ressignifique sua história. A dor pode virar desculpa – ou ponte. A escolha é sua.

9. O hiper-racional – a “superfocada”
Sabotador disfarçado de competência.
Você só age quando entende tudo? Precisa da planilha perfeita antes de dar o primeiro passo?
Estratégia: nem tudo se entende antes de viver. O caminho se revela no movimento.

10. O crítico – a “juíza”
Sabotador disfarçado de consciência.
Você se culpa, exige demais de si, se condena antes de tentar?
Estratégia: autocrítica sem compaixão é autossabotagem travestida de maturidade. Aprenda e avance.

***

Você não precisa ser uma nova pessoa. Apenas precisa ser honesto com quem você já é, com sua história, seus dons, seus limites e com aquilo que, silenciosamente, está pedindo passagem dentro de si. Reposicionar sua narrativa não é apagar o passado. É colocar sua vida de volta no centro, com intenção, verdade e visão.

Empreender com coragem estratégica começa exatamente aqui:

- **Domar seus sabotadores**. Isso significa reconhecer as vozes internas que mantêm você travado, chamando estagnação de segurança, e medo de planejamento. Não se trata de eliminá-las – mas de aprender a não deixar que decidam por você. Nomear é o primeiro passo; escolher diferente, o segundo.
- **Escolher sua escuta**. Porque nem toda voz que fala quer o seu bem. Muitas vezes, o que paralisa não é a crítica externa – é o eco da dúvida que você alimenta por dentro. Escolher sua escuta é decidir quem você vai deixar influenciar suas escolhas: o medo ou a visão? O passado ou a possibilidade?
- **Agir com método**. Coragem sem direção vira impulso. Estratégia sem alma vira rigidez. A verdadeira virada acontece quando você combina intuição com planejamento, visão com execução. É aqui que nasce o movimento real, aquele que sustenta e transforma.

REPOSICIONAR SUA NARRATIVA NÃO É APAGAR O PASSADO. É COLOCAR SUA VIDA DE VOLTA NO CENTRO, COM INTENÇÃO, VERDADE E VISÃO.

06.

O RESTART

Antes de falar em modelo de negócio, branding ou monetização, você precisa assumir três compromissos internos. O primeiro é honrar o seu passado, inclusive as fases que doeram e que foram difíceis – tudo contribuiu para o amadurecimento. O segundo é respeitar sua história (e a dos outros); porque, sem esse respeito, você cria dissonância entre identidade e movimento. E o terceiro é não desistir antes de atravessar a resistência, porque a resistência é só o sinal de que você está perto de um novo portal. Lembre-se sempre: você não está começando do zero, está começando com tudo o que já carrega dentro de si.

Esses acordos não estão nos livros de gestão. Estão em um lugar mais profundo: no campo da consciência. São decisões silenciosas, mas poderosas, que alinham o que você quer construir com quem você realmente é. Sem esses compromissos, o que parece movimento pode ser só uma fuga bem-disfarçada. Você troca de projeto, de rota, de discurso... mas a essência continua fragmentada. Porque, antes de empreender um negócio, você precisa empreender a si mesmo. E isso exige verdade, presença e coragem de não seguir para o próximo passo carregando o peso da negação, da comparação ou da pressa. A travessia não começa no pitch. Começa no alinhamento entre o que você sente, o que você escolhe e o que você entrega. É aí que o seu projeto ganha força – não só técnica, mas energética; não só estratégica, mas viva.

Quando um engenheiro, uma professora, uma médica, um designer ou um empresário me procuram para buscar um novo posicionamento profissional, a primeira coisa que observo não é a falta de capacidade, mas a falta de narrativa. A autoridade não reconhecida ou não contada sobre sua própria história costuma ser o maior bloqueio. A sua biografia é a base da sua autoridade. Sua trajetória não é um bloqueio nem uma trava. Pelo contrário, é ela que fundamenta seus passos – inclusive os do futuro.

As horas de experiência, as salas que você ocupou, os processos que liderou, os erros que cometeu – tudo isso é capital simbólico. Por isso, no início de qualquer resgate, é preciso reconhecer sua própria bagagem antes de tentar abrir um caminho novo ignorando o mapa que você mesmo desenhou.

A pergunta que trava não é "E se der errado?". É: "E se der certo e eu tiver que sustentar o novo?". Porque o sucesso, ao contrário do que dizem, não é leve. Ele cobra mais do que o fracasso. A maioria resiste ao restart porque intui que, uma vez atravessado, não dá mais para voltar. E está tudo bem. Assuma essa consciência. Cuide apenas para não usar isso como desculpa para estagnar.

Herminia Ibarra, pesquisadora e especialista em liderança e desenvolvimento de carreira – com passagens por INSEAD e Harvard – estudou a fundo os processos de mudanças profissionais e descobriu algo importante: a maioria das transições não acontece em uma linha reta. Ao contrário do que muitos pensam, elas não nascem de um plano fechado, mas são feitas de experimentação. "Nós aprendemos a ser quem somos na prática, não na teoria", afirma Herminia (tradução minha).

Você muda na ação. E age melhor quando reconhece o que já traz. Um dos grandes bloqueios da transição é a arrogância sutil de quem já ocupou cargos importantes, já ganhou bons salários, já foi a referência. É difícil admitir que agora você precisa aprender tudo de novo e que o mercado enxerga você como iniciante. Mas esse é o ponto: você não é iniciante, está ressignificando o repertório. Humildade aqui não é submissão, é sabedoria.

A geração dos nossos pais queria estabilidade. A nossa quer liberdade. Mas ninguém nos preparou para o custo de sustentar essa liberdade. Hoje, uma carreira longa não garante relevância. O mercado não premia constância, e sim relevância com impacto. O restart é esta virada: parar de continuar sendo quem você foi e começar a oferecer o que você se tornou.

Não se trata de abandonar a profissão, mas de redefinir a entrega: médica que abre consultório; engenheiro que vira artista; a professora que vira mentora; a pesquisadora que vira empresária. O restart não modifica nem substitui a sua essência. Ele reorganiza a forma como ela se manifesta no mundo.

Vamos fazer um exercício simples e potente?

Pegue uma folha e a divida ao meio. De um lado, escreva as perguntas:

- Em quê eu sou bom?
- O que eu não quero mais?
- O que ainda faz sentido?
- O que posso entregar com verdade?

Do outro lado, responda:

- Como isso pode virar valor para o outro?
- Que formato isso pode assumir?
- Que tipo de cliente consome esse valor?
- Que tipo de rotina essa entrega exige?

Olhe para isso com frieza e paixão ao mesmo tempo – com a lucidez de quem quer construir algo viável e a entrega de quem deseja algo com alma. Esse é o seu ponto de partida real. É aqui que a ideia vira caminho e a vontade começa a ganhar forma.

CHECKLIST DO RESTART

O que você já tem a seu favor

- Conhecimento técnico específico.
- Experiência em gestão, liderança ou operação.
- Rede de contatos ativa.
- Casos reais de entrega e impacto.
- Maturidade emocional para lidar com tensão.
- Clareza sobre o que não quer mais.

O que você precisa ativar agora

- Posicionamento claro.
- Um plano mínimo de transição.
- Espaço de ação semanal.
- Canal de comunicação com o mundo.
- Novo modelo mental sobre sucesso.

CINCO SEMANAS DE CORAGEM ESTRATÉGICA

Aqui é prática. É alma e direção. Fé com foco. Uma jornada com base, não com pressa. Uma travessia com pilares, não com atalhos. Cada semana é um ato de compromisso com o seu novo ciclo. E, ao final, entenda: o sucesso é semente e colheita. É rotina e renascimento. É fé em movimento. E você já sabe onde precisa pôr os pés agora. Porque coragem mesmo é viver a vida que Deus chamou você para viver – com clareza, presença e impacto.

NEGÓCIO QUE CRESCE SEM RAIZ DESMORONA COM O VENTO.

Semana 1 – Chão firme: pessoas e processos

> *"Portanto, quem ouve estas minhas palavras e as pratica é como um homem prudente que construiu a sua casa sobre a rocha." (Mateus 7:24)*

Antes de construir qualquer coisa – marca, produto, faturamento – você precisa de base firme. E base firme, no empreendedorismo, começa por duas coisas: pessoas e processos. Seja você sozinho no início ou com uma equipe já formada, essa é a hora de olhar para o que sustenta o seu dia a dia e organizar o invisível que dá forma ao visível. Clareza é base. Intenção é estrutura.

Objetivo da semana

Alinhar quem está com você e como tudo vai funcionar daqui em diante (mesmo que, por enquanto, seja só você). Quem faz o quê? Quando? Como? Por quê? Quanto mais clareza, menos ruído – e mais energia liberada para o que importa de verdade.

Ações da semana

Nomeie os papéis e responsabilidades. Mesmo que você esteja começando sozinho, já existem papéis diferentes que você vai precisar assumir – e separar. Hora de identificar: aqui eu sou estrategista, ali eu sou operadora, acolá eu sou a criadora. Se você já tem equipe ou parceiros, defina funções com clareza. O caos se instala quando tudo é urgente e ninguém sabe exatamente o que é seu, o que é do outro e o que é do negócio.

Estabeleça uma rotina firme: com Deus, com o negócio e com você. Negócio que cresce sem raiz desmorona com o vento. Por isso, firme a sua rotina diária em três pilares:

- Hora com Deus – para se alinhar à fonte antes de agir.
- Hora com o negócio – para cuidar da construção, mesmo quando não há urgência.
- Hora com você – para respirar, manter saúde emocional e não se perder da sua essência.

Desenhe e planeje seus três principais processos: atendimento, entrega e financeiro. Esses são os três pilares operacionais de qualquer negócio – e eles precisam andar juntos, com excelência e propósito.

- Como o cliente é atendido? Onde, por quem, com que linguagem?
- Como a entrega é feita? Quais etapas, prazos e experiências envolvidas?
- Como o dinheiro entra, circula, é monitorado e reinvestido?

Você não precisa ter tudo perfeito, mas precisa começar com consciência. Chão firme não se improvisa – se constrói. E é disso que essa primeira semana trata: menos correria, mais estrutura. Menos ansiedade, mais intenção.

Semana 2 – Vender salva: comercial

"A língua tem poder sobre a vida e sobre a morte; os que gostam de usá-la comerão do seu fruto." (Provérbios 18:21)

Vender é palavra sagrada por aqui. Porque, quando feito com verdade, vender não é empurrar. É liberar transformação. Você não está oferecendo um produto qualquer. Está oferecendo um pedaço da sua missão, traduzido em solução. Quando você entende isso, para de ter medo de se posicionar – e começa a se colocar a serviço com direção.

Objetivo da semana

Aprender a falar com clareza, consistência e verdade sobre o que você oferece. Não como quem implora, mas como quem convida. Não como quem disputa, mas como quem entrega valor. Nesta semana, o foco é gerar movimento, abrir conversas e começar a transformar interesse em conexão – e conexão em venda.

Ações da semana

Escreva sua promessa em uma frase que qualquer pessoa entenda e deseje. Não complique. Não floreie. Use palavras que seu cliente real usaria. Sua promessa precisa ser simples, direta e inspiradora. Ela deve responder: o que eu resolvo? Para quem? E com que resultado? Essa frase vai te acompanhar no pitch, nas conversas, nas redes – então trate como semente. Ela carrega o fruto.

Liste dez nomes e os convide para conversar e compartilhar. Venda começa no relacionamento. Faça uma lista de pessoas reais que possam se beneficiar do que você oferece – ou que possam indicar alguém. Não se trata de forçar, mas de conversar com clareza, ouvir com presença e compartilhar com verdade. A escuta é uma das maiores ferramentas comerciais que existem.

Escolha seu canal de aquisição e comece a gerar lista com consistência. Não adianta estar em todos os lugares – escolha um canal principal para gerar relacionamento com consistência. Pode ser Instagram, WhatsApp, e-mail, eventos, indicações. O importante é começar a construir uma base de contatos que saibam quem você é, o que você faz e por que isso importa. Não tenha vergonha de repetir sua mensagem. Vender é servir com direção.

Lembre-se: você não precisa se transformar em vendedor. Precisa apenas aprender a comunicar o valor do que carrega. Vender salva, porque conecta sua missão com quem mais precisa dela.

Semana 3 – Semente boa: produto/serviço

> *"Lembrem-se: aquele que semeia pouco, também colherá pouco, e aquele que semeia com fartura, também colherá fartamente." (2 Coríntios 9:6)*

Antes de pensar em escalar, é preciso entregar algo que faça sentido. Algo que leve sua assinatura, que carregue sua verdade e que gere transformação real na vida de quem recebe. Produto ou serviço, tanto faz – o importante é que ele seja resposta. Porque o que dá frutos não é quantidade, é intenção. E intenção clara vira semente boa.

Objetivo da semana

Lapidar sua entrega com consciência e consistência. Quem semeia qualquer coisa, colhe qualquer coisa. Mas quem planta com propósito, colhe com abundância. Aqui, você vai alinhar o que oferece com o que acredita, com foco no impacto que isso gera no outro.

Ações da semana

Liste os três maiores benefícios da sua oferta. O que muda na vida de quem recebe? Não foque o que o produto é, e sim o que ele transforma. Seu cliente não compra um serviço, compra o resultado que esse serviço provoca. Quais dores você resolve? O que melhora? O que simplifica? O que floresce depois da sua entrega? Clareza de benefício é chave para conexão.

Crie uma versão piloto com começo, meio e fim. Teste, valide e refine. Você não precisa lançar o produto perfeito. Precisa lançar algo real. A versão piloto é sua oportunidade de experimentar, aprender e ajustar. Não espere estar pronto – esteja disponível para evoluir em movimento. É no campo que se aprende o que o plano não mostra.

Defina seu diferencial. Não seja mais um. Seja a escolha certa. Pergunte a si mesmo: o que só eu, com a minha história, posso oferecer? Pode ser sua linguagem, sua abordagem, sua escuta, sua entrega. O importante é que fique claro por que escolher você é uma decisão de valor. Seu diferencial não precisa ser inédito – precisa ser autêntico.

Lembre-se: o mundo já está cheio de ofertas genéricas. O que falta são entregas vivas, com alma, com direção e com verdade. Seu produto não precisa ser grande – precisa ser bom, e bom aqui significa coerente com quem você é e com o impacto que deseja gerar.

Semana 4 – Luz na mesa: marketing

> *"[...] ninguém acende uma candeia e a coloca debaixo de uma vasilha." (Mateus 5:15)*

Você tem algo valioso nas mãos – não esconda. A luz que há em você foi feita para iluminar o caminho de alguém. Visibilidade não é vaidade quando tem propósito. É responsabilidade. Quando sua mensagem carrega verdade, ela se torna resposta. E marketing, nesse contexto, é só o caminho para essa resposta chegar a quem mais precisa.

Objetivos da semana

Colocar sua luz na mesa. Assumir sua voz. Comunicar com clareza o valor do que você faz. Porque o mundo não adivinha. Você precisa mostrar – com presença, com consistência, com intenção.

Ações da semana

Defina o tom da sua comunicação. Autoridade, acolhimento, direção – qual é o seu? Sua mensagem precisa refletir quem você é e como quer ser percebido. Comunicação não é estética. É coerência entre voz, essência e posicionamento. Escolha um tom que você consiga sustentar com verdade.

Escolha um canal principal. Você não precisa estar em todos os lugares – precisa estar por inteiro em pelo menos um. Onde sua presença é mais natural? Instagram, LinkedIn, WhatsApp, e-mail? Foque onde sua energia flui e onde seu público escuta. Expansão sem coerência vira ruído.

Planeje três conteúdos por semana:

- Um conteúdo sobre a dor (a dificuldade do seu cliente).
- Um conteúdo sobre a transformação (o que muda com seu serviço).
- E um com prova social (um *case*, um depoimento, um bastidor).

Essa tríade é simples, mas poderosa. Ela informa, inspira e conecta. E lembre-se: sua mensagem é medicina – quando vem da alma, ela cura. Você não precisa gritar, mas precisa aparecer. Quem cala por medo de se expor, também impede que a própria solução alcance quem mais precisa dela. O seu marketing não serve para convencer. Serve para convidar.

Semana 5 – Administração da visão: financeiro e gestão

> *"Quem é fiel no pouco, também é fiel no muito [...]"*
> *(Lucas 16:10)*

Você pode ter uma grande missão, uma ideia potente, um propósito claro – mas, se não souber administrar o que tem nas mãos, o crescimento se torna insustentável. Cuidar do dinheiro, dos processos e da estrutura não é ter controle excessivo, mas sim responsabilidade com aquilo que Deus confiou a você.

Sonhar alto exige pés firmes. A visão precisa de gestão para não virar frustração.

Objetivo da semana

Cuidar com zelo do que sustenta sua visão. Assumir o papel de guardião do seu negócio – não só como criador, mas como administrador fiel da missão que carrega.

Ações da semana

Estruture um plano financeiro mínimo. Defina sua meta mensal de receita. Calcule sua reserva de segurança. Estabeleça o valor justo pelo que você entrega. Quando você precifica com consciência, honra seu tempo, sua energia e seu cliente. Prosperidade começa com clareza.

Organize seu sistema de controle administrativo. Pode ser um caderno, um aplicativo, uma planilha ou um software. O importante não é a ferramenta, é a constância. Separe um tempo semanal para olhar com carinho para o que entra, o que sai e o que precisa ser ajustado. Gestão é cuidado.

Reflita sobre a visão que você quer multiplicar. Se tudo der certo, onde esse negócio vai te levar? Qual é o impacto que você deseja sustentar no mundo? Visualizar o futuro é um jeito de calibrar o presente. Seu negócio precisa de direção – e você é quem guia.

A boa administração não engessa. Ela dá liberdade. Quando você sabe onde está pisando, pode caminhar mais longe, com mais leveza e menos medo.

Você não precisa de respostas prontas. Precisa de estrutura para fazer as perguntas certas e coragem para sustentar as escolhas que virão. Essas cinco semanas não são um método engessado. Você agora tem base, clareza e direção. Tem um produto com verdade, um plano com ritmo e um caminho comercial que respeita seu tempo e entrega valor.

07.

A CONSTRUÇÃO

É hora de levantar a casa, tijolo por tijolo. Não com pressa, mas com propósito. Com visão de quem já escolheu o terreno, sondou o solo, enfrentou tempestades internas e agora encara, com serenidade estratégica, o que vem depois do "começar".

Construir de verdade exige uma coragem que não faz barulho. É um silêncio ativo, que opera enquanto outros se distraem com palcos, curtidas e novidades que já nasceram vencidas. Não existe construção firme sem constância nem construção viva sem renúncia. Os alicerces de um negócio, de uma nova fase ou de uma escolha profissional amadurecida são feitos de decisões sustentáveis, e não de euforia.

Você chegou até aqui porque entendeu que não são ideias boas que faltam no mundo. Isso tem de sobra. O que falta é gente disposta a sustentar aquilo que começou. Ideia sem execução é devaneio. E execução sem método vira desgaste. O que constrói é coerência entre visão e ação. Agora é sua vez de tornar isso possível.

Toda estrutura precisa de três colunas: objetivo, rota e rotina. Objetivo dá norte; rota organiza o caminho; e rotina dá corpo à visão. E este capítulo é o ponto em que sua intenção se torna estrutura viva.

Então, primeiro: nomeie o que você está construindo. Com alma, com foco, com prazo. Está criando um negócio? Uma nova carreira? Um serviço autoral? Uma transição definitiva? Não deixe o nome solto. Projetos sem nome não crescem. Porque sem nome não existe identidade, e sem identidade não há como comunicar valor. Depois, traduza esse nome em valor real para o outro.

A construção não é para você brilhar; é para você servir com potência. Se sua entrega não muda a vida de quem a recebe, ela ainda é uma ideia inacabada. A construção real acontece quando o **corpo** age, a **alma** sustenta e o **espírito** direciona. Um negócio que dá certo é aquele que integra esses três níveis.

Construir com firmeza é mais do que montar uma agenda eficaz. É mais do que cumprir prazos ou vender bem. É reconhecer que você carrega em si o tripé sagrado: corpo, alma e espírito. E que, sem alinhar essas três partes, todo o resto perde força – ou, pior, ganha velocidade sem direção.

O corpo é o instrumento que opera no visível. É a matéria obediente. É ele quem acorda cedo, cumpre a rotina, envia a proposta, responde a mensagem, paga o boleto, organiza os compromissos. No corpo estão os processos, a produtividade, a estrutura. Sem corpo presente, nenhuma visão sai do papel. É por meio dele que a fé se materializa em ação.

A alma, por sua vez, é o centro do sentir. É onde habitam suas vontades, emoções, memórias e pensamentos. É a alma que sustenta o entusiasmo nos dias difíceis, que escolhe permanecer mesmo quando o resultado ainda não chegou. É a alma que escuta o cliente com empatia, que constrói relações, que se importa de verdade. É também onde moram as maiores armadilhas: ansiedade, comparação, orgulho disfarçado de performance. Por isso, a alma precisa de cuidado constante, porque ela tanto pode carregar a visão quanto distorcer o caminho.

O espírito, por fim, é o que liga você ao Eterno. É o lugar secreto onde habita o sopro de Deus; onde nasce a missão. É o que lembra você de quem é, mesmo quando tudo fora parece bagunçado. É o que ora por você quando sua carne quer desistir. O espírito não grita, ele sussurra. E se você não tiver silêncio suficiente, perde a direção. É o espírito que diferencia um negócio bom de uma obra com propósito. Sem ele, você até pode crescer; mas crescerá vazio.

Empreender sem espírito é construir castelos de areia: grandes, vistosos, mas frágeis. Empreender só com alma é correr o risco de viver à flor da emoção, se empolgar demais, se frustrar demais, desistir rápido. Empreender só com corpo vira automatismo: fazer por fazer, sem lembrar por que começou.

Quando corpo, alma e espírito estão alinhados, você deixa de apenas trabalhar. Você começa a servir, criar com sentido, liderar com presença e construir com legado, porque tudo o que é feito com o corpo, nutrido pela alma e dirigido pelo espírito, permanece.

É esse tripé que sustenta a travessia. Não como peso, mas como base firme. Porque empreender, para quem crê, não é só gerar valor no mundo. É corresponder a um chamado. Vamos desenhar isso com os cinco pilares da construção:

1. Clareza de papéis

Mesmo que esteja sozinho, você não é um só. Dentro de você vivem o CEO (que pensa o negócio), o criador (que faz a entrega) e o operador (que executa a rotina).

Na minha agenda, as segundas-feiras são dias abertos para gestão – cuido da equipe, analiso números e organizo finanças. Terças são dias de execução intensa. Quarta é o dia do relacionamento: mentorias, entregas, acompanhamento de clientes e criação de conteúdos mais profundos. Quinta é meu dia comercial – reuniões de networking, conversas sobre parcerias e tudo o que envolve plantar

REPUTAÇÃO É UM DOS ATIVOS MAIS VALIOSOS NA CONSTRUÇÃO DE UM NEGÓCIO.

para colher. Sexta é meu dia de paz: deixo a mesa limpa, resolvo pendências, reviso a semana e organizo o planejamento. Essa divisão de papéis, com tempo e intenção, sustenta minha produtividade e evita sobrecarga emocional.

Alocar blocos de tempo com intenção é o que diferencia um empreendedor amador de um gestor maduro. Se você não liderar sua semana, será liderado pelas urgências.

2. Processos básicos bem-feitos

Parece trivial, mas o que destrói negócios promissores são falhas pequenas repetidas com frequência: atendimento malfeito, mensagem não respondida, prazos não cumpridos. Isso gera desconfiança, quebra vínculo, mata a reputação. E reputação é um dos ativos mais valiosos na construção de um negócio.

Eu acredito que o básico bem-feito é o que sustenta o extraordinário. E isso vale para qualquer fase do negócio. Não é o glamour que sustenta a reputação, é a coerência. Não é o marketing que retém, é a experiência. Por isso, dentro da Impacto, padronizamos três processos essenciais – aqueles que, se falharem, desmontam tudo:

Atendimento e comercial

Temos uma régua clara de resposta: mensagens respondidas com tom acolhedor e objetivo. Mesmo quando o volume é alto, existe um sistema: usamos e-mails automáticos de confirmação, formulários claros e canais bem-definidos para evitar ruídos. Vender é a alma do negócio, e comunicar com clareza é respeitar quem chega até você.

Entrega com qualidade

O combinado é sagrado. Se prometemos, entregamos – e entregamos bem. Temos fluxos mapeados, processos validados e checkpoints internos para manter o padrão da experiência, seja uma mentoria ou uma palestra para mil pessoas. Cada programa, mentoria ou palestra tem um roteiro padrão. Não no conteúdo, que é sempre vivo, mas na logística: checklist pré-evento, briefing obrigatório, cronograma validado e acompanhamento pós-entrega. Isso garante excelência sem sobrecarga.

Financeiro

Temos um sistema atualizado semanalmente, com controle claro de entradas e saídas, emissão de notas fiscais em tempo hábil e envio automático de recibos. Mas não é só isso: mantemos uma rotina disciplinada de reserva mensal e buscamos sempre uma previsibilidade mínima de três meses à frente.

Mais do que registrar o que entra, é fundamental **precificar com consciência**, analisar a **DRE** (Demonstração de Resultado do Exercício) com frequência e tomar decisões a partir dela. É essa clareza que orienta não apenas o presente, mas o futuro da empresa.

Na Impacto, aprendemos que o sócio não pode querer ficar rico antes de a empresa crescer. **Reinvestir estrategicamente até alcançar o planejamento traçado é o que sustenta o crescimento com saúde**. Negócio sólido é aquele em que o dinheiro tem direção – e não apenas destino.

Esses são os três trilhos que mantêm a construção reta – mesmo quando o terreno emocional ou estratégico está inclinado. Eu insisto: quem quer escalar com consistência precisa, antes, fazer o simples com maestria. E isso começa com processos definidos, testados e respeitados por todos.

Padronize o atendimento, a entrega e o financeiro. Três processos, no mínimo. Três trilhos que vão manter sua construção reta, ainda que o terreno seja inclinado.

3. Solução com verdade

Você não precisa criar algo mirabolante. Precisa ter uma entrega com começo, meio e fim que resolva uma dor real. Entrega que transforma. A verdade do seu produto precisa ser visível: ele carrega sua essência, tem lógica e utilidade, e é percebido como solução.

4. Venda com direção

Vender é cuidar. É comunicar a transformação que você oferece com clareza e integridade. Não terceirize o comercial. Pelo menos no início, a venda precisa ter sua voz, seu olhar, sua presença.

5. Gestão consciente

Controle financeiro mínimo: entrada mensal, reserva de segurança, custo fixo. O dinheiro que entra precisa ter destino. A energia que você investe precisa ter retorno.

Talvez o que falte não seja técnica. Talvez falte alinhamento entre suas três forças. O corpo corre. A alma se exaure. E o espírito, quando silenciado, já não orienta. O verdadeiro empreendedorismo nasce quando essas três dimensões trabalham juntas. O corpo faz, a alma sustenta e o espírito guia. E, juntos, eles te mantêm no caminho – mesmo quando o mundo parece girar mais rápido do que a sua coragem consegue acompanhar.

A construção é o coração da jornada. Ela é o elo entre o sonho e o impacto. É onde a fé ganha forma, onde a ideia vira presença e a coragem se transforma em legado. Construa para permanecer. E, quem permanece, transforma.

"[...] **fortaleçam-se no Senhor e no seu forte poder**" (Efésios 6:10). Esse versículo encerra não como ponto-final, mas como um envio. É como se dissesse: "agora que você sabe quem é, agora que tem um plano, agora que assumiu a construção... vá".

FORTALECIDO, SIM – NÃO EM SI, MAS NA FORÇA D'ELE

Este é o lembrete de que não é pela nossa performance, nem pela nossa pressa, nem pelo nosso planejamento que a missão se cumpre. É pelo poder d'Aquele que já venceu tudo, inclusive o medo, o cansaço, a dúvida e o tempo.

Como sustentar esse ritmo com propósito e manter a produtividade com intenção sem se perder no excesso e sem travar diante da pressão? Vou explicar isso a você no próximo capítulo.

QUEM QUER ESCALAR COM CONSISTÊNCIA PRECISA, ANTES, FAZER O SIMPLES COM MAESTRIA.

08.

PRODUTIVIDADE COM PROPÓSITO

Produtividade é a arte de ofertar seu tempo ao que tem sentido. Não se trata de correr mais nem de acumular tarefas. É uma dança entre o que você entrega e o quanto isso, de fato, transforma. É por isso que constância, quando bem alocada, vale mais que mil começos empolgados.

Você chegou até aqui. Já construiu, já começou. Agora, a fase muda: sai o impulso da largada, entra o passo consciente que sabe sustentar. Sustentar com beleza, com verdade, com presença. E isso exige uma nova visão sobre movimento.

Há quem trabalhe muito e colha pouco. Há quem se canse sem gerar fruto. Isso não é produtividade, é exaustão camuflada de eficiência. A produtividade real respeita o ritmo da vida e a intenção de quem a vive. E isso inclui fazer o básico bem feito. Porque não adianta criar, divulgar, prometer e não entregar.

O mundo não se sustenta na promessa, se sustenta no compromisso. Cumprir prazo é respeitar o outro. Por isso, gerir o próprio tempo é sinal de maturidade. Hoje em dia, virou banal dizer que surgiu um imprevisto, não é mesmo? Então, deixe espaço para as urgências, porque elas sempre acontecerão. Ter clareza sobre o que cabe no seu dia é mais eficaz do que sonhar com mil ideias que não entram nem na semana.

Se você irá prestar um serviço, saiba: não responder mensagem, não cumprir entrega, não atualizar cliente, não dar retorno no tempo acordado – tudo isso fere sua construção. E não há produto, preço, propaganda e promoção que conserte um histórico de falhas recorrentes.

Eu sempre digo que o extraordinário começa no ordinário bem-feito. O crescimento começa no e-mail respondido, na reunião pontual, no conteúdo entregue no prazo. Por isso, rotina inteligente não é prisão, é liberdade ritualizada. É quando a estrutura vira espaço sagrado para você florescer. Rotina inteligente tem três raízes:

1. clareza de metas mensais;
2. revisão semanal com ajustes reais;
3. momentos de pausa para escuta interna e reajuste da rota.

Sem isso, até o talento se perde. Até o propósito enfraquece.

Essa jornada exige que você aprenda a sustentar. E sustentar, aqui, não é estagnação, é maturidade. E isso independe da idade. É ter sabedoria para não reinventar tudo o tempo todo, mas aprofundar o que funciona. Repetir com qualidade. Aperfeiçoar com leveza. O extraordinário nasce dos gestos simples praticados com presença. Sustentar é deixar de ser iniciante. É tornar-se referência.

E, nesse novo ciclo, você entra no campo da produtividade com propósito. Um ciclo de três movimentos que giram em harmonia: criação, conexão e consolidação.

1. Criação é o que você põe no mundo.
2. Conexão é com quem você entrega.
3. Consolidação é aquilo que você sustenta e aprimora.

E lembre-se: produtividade também é contexto. O que serve para um artista de 20 e poucos anos pode colapsar uma mãe solo de 40.

O que inspira um executivo pode sufocar uma empreendedora criativa. Não existe produtividade sem identidade. Não existe impacto sem escuta da própria realidade.

Haverá semana em que você será CEO. Em outras, será operador. Em muitas, precisará ser apenas humano, cuidando da sua base emocional e espiritual. A questão não é perfeição linear, mas uma observação honesta do que está sendo colocado no mundo com suas mãos, sua voz e seu coração.

Porque liberdade sem estrutura vira cansaço. E autonomia sem rotina vira ansiedade. Você não precisa fazer mais. Precisa fazer com intenção. Se quer o crescimento inevitável daqueles que mudam com estratégia, precisa sustentar sem colapsar. Para isso, há uma ferramenta que uso com frequência em mentorias: a Matriz Esforço x Impacto.

Essa ferramenta é um mapa em meio à bagunça criativa; ele mostra com clareza onde vale investir sua energia. As regras são simples:

- O que tem pouco esforço e pouco impacto: elimine.
- O que tem muito esforço e pouco impacto: reavalie.
- O que tem pouco esforço e alto impacto: priorize.
- O que tem muito esforço e muito impacto: planeje com estratégia.

Por isso, minha recomendação é: liste suas atividades da semana e suas ideias ou fragmente a ideia principal que está movendo sua transição de carreira neste momento. Posicione cada uma nos quadrantes, como verá na imagem a seguir. É uma forma prática de devolver lucidez ao seu tempo. Produtividade, no fim, é clareza com coragem. É execução com base firme. E base firme não nasce da pressa; nasce da decisão de dar nome ao que se constrói.

Então, escreva com verdade e precisão: o que você está construindo? É um negócio? Uma nova carreira? Um movimento? Nomeie. Com alma. Com prazo. Com foco.

ESFORÇO X IMPACTO

Quadrante 1:
Algo que você faz com facilidade e gera muito valor na sua carreira.

Quadrante 2:
Algo que demanda mais esforço (tempo, pesquisa, investimento) e tem potencial para alavancar sua carreira.

Quadrante 3:
Algo que você pode desenvolver com facilidade, mas gera pouco impacto e talvez até prejudique sua carreira.

Quadrante 4:
Tudo o que precisa investir muito esforço para fazer e não contribuirá para o seu futuro.

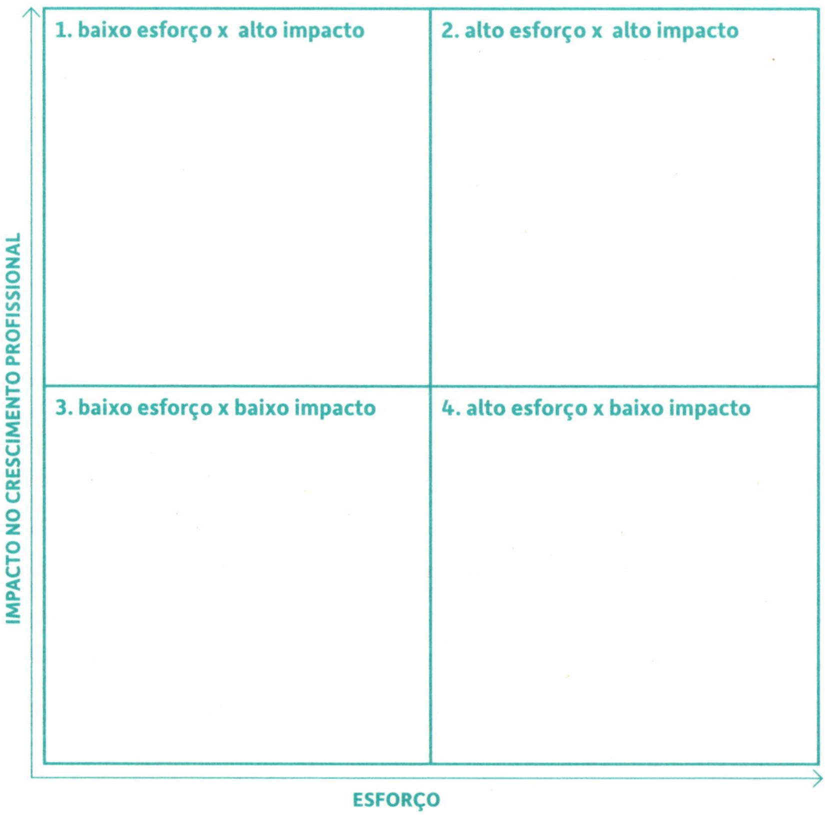

ESFORÇO X IMPACTO

Quadrante 1:
Algo que você faz com facilidade e gera muito valor na sua carreira.

Quadrante 2:
Algo que demanda mais esforço (tempo, pesquisa, investimento) e tem potencial para alavancar sua carreira.

Quadrante 3:
Algo que você pode desenvolver com facilidade, mas gera pouco impacto e talvez até prejudique sua carreira.

Quadrante 4:
Tudo o que precisa investir muito esforço para fazer e não contribuirá para o seu futuro.

IMPACTO NO CRESCIMENTO PROFISSIONAL

1. baixo esforço x alto impacto Oferecer mentoria para outros mentores Palestras profissionais Collabs	**2. alto esforço x alto impacto** Lançar um novo infoproduto Escrever um livro Aumentar a equipe Investir em marketing
3. baixo esforço x baixo impacto Construir um projeto novo sobre arquétipos	**4. alto esforço x baixo impacto** Iniciar uma pesquisa profunda de mestrado ou doutorado

ESFORÇO

Você não está apenas gerando um projeto. Está edificando uma presença. Algo com seu nome, sua história, sua fé. Por isso, recomendo leituras que reforcem essa travessia:

- Gary Keller – *A única coisa*
  Ensina a organizar a rotina com foco real, eliminando distrações e priorizando o que realmente importa. Clareza é direção.

- Dale Carnegie – *Como evitar preocupações e começar a viver*
  Um lembrete atemporal: nenhum plano se sustenta se for contaminado pelo medo crônico de errar. Paz é estratégia.

- Napoleon Hill – *Mais esperto que o diabo*
  Vai além da produtividade: mostra como o autoengano e a distração são armadilhas mentais que nos mantêm paralisados.

- Ali Abdaal – *A produtividade do bem*
  Um guia contemporâneo que ensina a trabalhar com intenção, e não com excesso.

- Russell Brunson – *O segredo dos experts*
  Mostra que posicionamento e execução não são etapas separadas. São os dois tijolos do mesmo edifício.

BASE FIRME NÃO NASCE DA PRESSA; NASCE DA DECISÃO DE DAR NOME AO QUE SE CONSTRÓI.

09.

AUTORIDADE SE CONQUISTA NOS BASTIDORES

Na história de qualquer civilização, os grandes líderes não foram apenas aqueles que apareceram no centro do palco. Foram aqueles que souberam sustentar o peso do olhar alheio com a firmeza de uma verdade vivida nos bastidores. O palco não é o começo da autoridade. É a sua consequência.

Em algum momento no seu processo de transição de carreira – da zona de estabilidade para a zona de expansão – chegará o momento em que você precisará se posicionar. Não como alguém que implora por atenção, mas como alguém que se coloca com presença, valor e intenção. E isso não é autopromoção. Não se trata disso. Mas, sim, da coragem silenciosa de ocupar o próprio nome com clareza e de sustentar no olhar, na fala e na entrega aquilo que só você pode dizer – porque é vivência, e não performance.

Representar-se com coerência é assumir o fio condutor entre o que se pensa, o que se sente e o que se comunica. Não para convencer, mas para ser compreendido. Porque, no fim, o valor que deixamos no mundo não vem do volume da voz, mas da inteireza com que habitamos a própria verdade.

1. O PALCO É SEU, MAS A BASE É SUA VERDADE

O método paz, pix e palco não é uma fórmula de marketing nem um jargão de performance. É uma arquitetura existencial. Uma nova forma de habitar o trabalho, o chamado e o mundo.

- **PAZ** é o estado de coerência interna. É quando seus valores sustentam suas decisões, e suas decisões apontam para uma direção com sentido. Não é ausência de conflito, é presença de clareza. Você pode até ter medo, mas não está em guerra consigo mesmo.
- **PIX** é o símbolo da sua entrega. Não é só dinheiro – é gerar valor real e ser recompensado de maneira justa por isso. É a colheita daquilo que você construiu com propósito, consciência e consistência. Prosperidade, aqui, não é excesso. É fluxo sustentável entre dar e receber.
- **PALCO** é o espaço que você ocupa no mundo. Mas não para performar ou agradar. É o lugar de expressão, de serviço, de visibilidade com propósito. Estar no palco não exige perfeição. Exige verdade. Você não precisa saber tudo – precisa estar inteiro.

Quando você une esses três elementos, cria presença com potência.

- PAZ te ancora.
- PIX te sustenta.
- PALCO te posiciona.

E é aí que a virada acontece: quando você entende que visibilidade não é vaidade. É responsabilidade. Posicionar-se é dizer ao mundo: "Estou aqui. Tenho algo a oferecer. Estou pronto para servir com consistência". Não importa se você é introvertido ou comunicativo, da saúde ou da engenharia, das artes ou do jurídico. O que importa é a prontidão de se tornar visível com verdade, ocupando seu espaço com a força da sua história e a leveza da sua missão.

Este é o novo jeito de construir autoridade: com alma, com estrutura e com sentido. Mas quando os três se alinham... você não só prospera, você transforma.

QUEM NÃO SE POSICIONA, ENTREGA AO OUTRO O PODER DE DEFINIR SUA IMAGEM.

2. QUEM NÃO SE POSICIONA, SE APAGA

Não há mérito na invisibilidade voluntária. Você pode ser ético, experiente, bem-intencionado – mas, se ninguém entende o que você faz, para quem faz e por que faz, você será constantemente substituído por quem apenas se comunica melhor. O posicionamento não é autopromoção. É responsabilidade com a sua narrativa.

Quem não se posiciona, entrega ao outro o poder de definir sua imagem. Ser referência não começa com performance. Começa com clareza e com as perguntas certas:

- Quem sou eu neste mercado?
- Qual é meu lugar de contribuição?
- O que o mundo precisa saber sobre mim para me encontrar?

3. VALORES SÃO A BASE, NÃO A EMBALAGEM

Muita gente fala de valores como quem descreve um perfil no currículo. Mas valores, no mundo real, são âncoras. Eles sustentam decisões difíceis, posicionamentos impopulares, jornadas solitárias. Os valores não são estéticos, são critério de ação. A autoridade real nasce da convergência entre valor declarado e valor praticado. É quando o público percebe que você vive o que ensina, entrega o que promete e representa o que prega. Por isso, deixo aqui uma tarefa importante para você: liste cinco valores que você não negocia em sua vida e carreira. Eles serão o eixo da sua comunicação, da sua oferta e da sua postura.

4. MARCA PESSOAL É O QUE PERMANECE DEPOIS QUE VOCÊ SAI DA SALA

A marca pessoal não é sua logo. É o rastro da sua presença. É a soma entre como você aparece, o que entrega e o que representa. Pessoas se lembram de emoções, não de slogans. Elas reconhecem consistência, não performance. Você constrói autoridade não por repetir uma imagem, mas por sustentar uma experiência coerente: sua fala, sua energia, seus limites, sua entrega.

5. PARECER SER É UMA QUESTÃO DE RESPONSABILIDADE, NÃO DE FUTILIDADE

Existe uma diferença entre vaidade e consciência de imagem. O mercado confia naquilo que entende. Se sua comunicação está desalinhada – se sua imagem não representa seu valor – o mundo se confunde. E o confuso não vende. Percepção é ponte. Sua linguagem visual, sua postura, seu conteúdo, seu discurso – tudo deve estar a serviço de deixar claro quem você é e o que você resolve.

6. SEU POSICIONAMENTO É UM CONTRATO COM O MUNDO

Ele diz com quem você trabalha, como você entrega, o que você transforma. E esse contrato é silencioso: está nas suas redes, no seu tom de voz, nos seus atendimentos, no seu marketing, na sua postura quando ninguém está assistindo. Mais uma tarefa importante: faça um checklist de presença, respondendo às seguintes perguntas:

- Minha imagem representa meu valor?
- Minha fala comunica minha autoridade?
- Meu conteúdo deixa claro o que resolvo?
- Meu público me reconhece como eu sou?

7. AUTORIDADE SE CONSTRÓI, NÃO SE PRESUME

Este não é um capítulo para extrovertidos. É para protagonistas. Para pessoas que entenderam que visibilidade não é vaidade, é um canal de serviço. O mundo não precisa de mais vozes barulhentas; precisa de gente com presença enraizada, que sabe o que representa, sabe aonde quer chegar e sabe como construir influência com ética.

8. FECHAMENTO: O POSICIONAMENTO É SUA LINHA DE FUNDAÇÃO

Estar no palco não é subir para ser aplaudido. É subir com clareza sobre o que você representa. Você não precisa "fazer sucesso". Precisa se tornar referência real – por viver com coerência, comunicar com verdade e entregar com consistência. No próximo capítulo, vamos falar sobre influência. Não a que impressiona, mas a que muda o ambiente por onde passa. Porque o palco é seu, mas o mundo só escuta quem tem o que dizer e vive o que diz.

O MUNDO SÓ ESCUTA QUEM TEM O QUE DIZER E VIVE O QUE DIZ.

MUDANÇA ESTRATÉGICA, CRESCIMENTO INEVITÁVEL

@CHAICARIONI

10.

INFLUENCIAR NÃO É DOMINAR. É GUIAR COM VERDADE

Quando meu marido, Augusto, decidiu escalar montanhas no Nepal, não era apenas o físico que ele desafiava. Estávamos diante de algo maior: o símbolo vivo do que é caminhar com propósito, mesmo sem chegar ao topo. A meta era subir 6.200 metros. Ele chegou a 5.800. Duas vezes. Poderia parecer que faltou algo, mas ali descobrimos que, às vezes, o cume não é o que mais importa. O que transforma mesmo é a jornada.

E assim acontece com a influência. Não se trata de convencer o mundo, mas de mover a si mesmo com tanto alinhamento, que outros decidem caminhar também. Porém, não é caminhar a todo momento e a qualquer custo. Toda vez que escuto alguém dizer que precisa estar em movimento constante para crescer, lembro do silêncio antes de uma nota decisiva em uma sinfonia. A pausa não é ausência de ação, é a inteligência do ritmo. Na montanha e nos negócios, quem não aprende a parar, não aprende a subir.

Foi na pausa que entendi o próximo passo, que revisei rotas, que olhei de frente os platôs – aquelas fases em que tudo parece estável demais, quase estagnado. E ali, em vez de me acusar, escolhi respirar. E recomeçar com mais clareza.

Porque os platôs têm função. Há quem desista no platô, porque o crescimento não está mais visível, ou porque a curva ascendente cedeu ao plano. Só que o platô não é o fim. É solo fértil para análise, ajuste e reinvenção. Influência nasce também nesse lugar: na escolha de seguir, mesmo sem aplausos. É nesse intervalo que a verdadeira autoridade se forma. O que sustenta não é o barulho do sucesso; é a estrutura emocional construída nos silêncios.

A MONTANHA COMO METÁFORA

A montanha que escalamos tem muitas faces. Nem sempre ela está no Himalaia. Às vezes, ela se chama "rotina", "insegurança", "recomeço". Escalar é, muitas vezes, recomeçar com elegância onde outros desistiram. Não se trata de números ou marcos sociais. Seu cume pode ser o equilíbrio entre trabalho e maternidade. Pode ser viver do que se ama. Pode ser, simplesmente, não se perder de si no meio do caminho. O importante é você se escutar com sinceridade e ter coragem para viver de maneira plena.

INFLUÊNCIA É UMA ESCOLHA

Influenciar é servir com visão. É saber que sua presença transforma, mesmo que não seja para todos. É fazer com que sua história sirva de espelho, farol ou trilha para quem precisa. Você não precisa de aplausos. Precisa de propósito e de estrutura interna para sustentar o que está construindo.

Influência não começa no palco, começa na pausa e se expande no silêncio dos platôs. É o acúmulo invisível de escolhas conscientes. Expandir é viver a sua melhor versão com propósito.

O próximo passo é a expansão. Não como aumento de seguidores, métricas ou volume. Mas como profundidade de presença, densidade de entrega, legado de verdade. Se você chegou até aqui, já sabe o valor da sua voz. E se ainda duvida, lembre-se: o mundo precisa de referências reais, de líderes com coragem de se mostrar sem filtro, de pessoas que, em vez de dominar, escolhem guiar com verdade.

NÃO SE TRATA DE CONVENCER O MUNDO, MAS DE MOVER A SI MESMO COM TANTO ALINHAMENTO, QUE OUTROS DECIDEM CAMINHAR TAMBÉM.

@CHAICARIONI

A influência já vive em você. Agora é hora de deixá-la fluir com direção.

Você tem a paz que sustenta.

O pix que valoriza.

E o palco que chama.

O mundo já está ouvindo. Falta apenas você aceitar que chegou a hora de subir mais um passo.

FERRAMENTAS PRÁTICAS PARA COLOCAR O LIVRO EM AÇÃO

Transformação real precisa de movimento intencional.

1. Diário da identificação – "O silêncio que grita"

   A) Durante sete noites seguidas, antes de dormir, escreva a resposta para esta pergunta:

   "O que me incomodou hoje e o que isso está tentando me mostrar?"

   Esse é um exercício de escuta interna. Ajuda a identificar padrões emocionais, desconfortos recorrentes e sinais de desalinhamento entre o que você vive e o que deseja viver. A alma sussurra antes de gritar – escrevendo, você aprende a ouvir.

2. Diagnóstico de sabotadores internos

   A) Monte uma tabela com os dez sabotadores apresentados neste livro. Para cada um, avalie de 1 a 5 o quanto ele aparece na sua rotina.

   B) Escolha o sabotador com nota mais alta e escreva uma ação prática para começar a enfraquecê-lo.

Transformação começa com nomeação. Quando você identifica o inimigo interno, ele perde força.

3. Plano de coragem estratégica
   A) Divida uma folha em três colunas:
      - Medos reais
      - Medos imaginados
      - Primeiro passo possível

Colocar no papel o que te paralisa reduz o tamanho do medo e amplia sua clareza. Você vai perceber que muitos medos são projeções, e que o próximo passo – ainda que pequeno – já está ao seu alcance.

4. Matriz de platô e escalada
   A) Liste as principais áreas da sua vida (carreira, espiritualidade, finanças, criatividade, família, saúde, contribuição).
   B) Para cada uma, responda: estou em platô (estagnação) ou em escalada (crescimento)?
   C) Defina um microajuste para movimentar o que está parado. Às vezes, uma pequena alteração muda tudo.

5. Agenda 3D – CEO, Criador, Operador
   A) Analise sua semana e use três cores para identificar onde você investe seu tempo:
      - CEO: decisões, estratégia, visão de futuro.
      - Criador: inovação, conteúdo, escrita, desenvolvimento.
      - Operador: execução, entrega, reuniões, organização.

Avalie: o que está em excesso? O que está faltando? Liderar um negócio exige equilíbrio entre visão, criação e ação. Essa ferramenta ajuda você a identificar e ajustar sua presença nos três papéis.

6. Teste de posicionamento pessoal
   A) Pergunte para três pessoas de confiança: "Se você tivesse que me indicar para alguém, o que diria que eu faço?"
   B) Compare as respostas com o que você realmente quer comunicar. Se houver desalinhamento, reveja sua narrativa. O mundo só entende seu valor quando você se comunica com clareza.

7. Mapa de influência com intenção
   A) Escolha um canal para começar (Instagram, WhatsApp, LinkedIn, YouTube). Depois, responda:
      - Quem eu quero alcançar?
      - Qual mensagem central desejo reforçar?
      - Que tipo de conteúdo quero testar nas próximas quatro semanas?

Aplique. Meça. Aprimore.

Visibilidade com propósito é construção de autoridade com verdade.

O MUNDO PRECISA DE REFERÊNCIAS REAIS, DE LÍDERES COM CORAGEM DE SE MOSTRAR SEM FILTRO, DE PESSOAS QUE, EM VEZ DE DOMINAR, ESCOLHEM GUIAR COM VERDADE.

11.

AGORA, O PALCO É SEU

Você chegou até aqui. Não por acaso, não por acidente, e definitivamente não por sorte. Chegou porque escolheu se ouvir, se permitir e se mover. Porque entendeu que honrar a própria história é importante, mas não mais importante do que continuar escrevendo novas páginas. Não há celebração maior do que estar em movimento. E este é o ponto: você não está parado. Você está preparado.

Celebrar não é fazer barulho, é reconhecer o valor da travessia. É olhar para quem você era no primeiro capítulo e perceber quanto já se transformou. Não por causa de uma frase de efeito ou de uma técnica milagrosa, mas porque você decidiu fazer o trabalho invisível: escutar, agir, errar, corrigir, retomar e continuar. A celebração real não tem a ver com medalhas. Tem a ver com autenticidade, com estar inteiro, presente e fiel à sua própria jornada.

A sua missão não mudou; ela se aprofundou. Se antes você se via apenas como funcionário, técnico ou especialista, hoje você entende que é um canal de transformação. Se antes você precisava de autorização externa, hoje você reconhece sua própria autorização interna. Sua história te capacitou. Seu processo te testou. Sua coragem te trouxe até aqui. Agora, é hora de assumir esse novo tempo com dignidade. Você não precisa mais se encaixar – pode criar. Não precisa mais se esconder – pode influenciar. Não precisa mais seguir o roteiro dos outros – pode viver o seu.

Você sabe que não chegou até aqui apenas por força humana. A sua jornada foi marcada por decisões difíceis, mas também por livramentos, sinais e direções que vieram quando você decidiu pausar, ouvir e confiar. Minha conversão cristã não me afastou do mundo, ela me posicionou com mais clareza nele. Hoje, sei que minha missão não é só comunicar, liderar ou transformar. É servir. É representar o Reino no lugar onde fui plantada.

Seu brilho é necessário para iluminar caminhos alheios. Não se trata de ser melhor. Trata-se de ser farol. Agora você entende que sucesso é paz, que dinheiro é ferramenta, que influência é responsabilidade, e que empreender é servir com identidade. Por isso, celebre!

Você não precisa se refazer para ser aceito. Não é troca de roupa, nem de discurso. O que se manifesta aqui não é invenção, é revelação. A mesma essência que Deus soprou no início, agora caminha em maturidade. Aquilo que por tanto tempo foi calado por medo, por vergonha, por cansaço, se ergue. E não como performance, mas como testemunho.

Não é personagem, é propósito encarnado. Não é brilho, é luz que veio do Alto. O mundo está exausto de promessas vazias e personas estrategicamente montadas. O que falta é gente alinhada entre o que crê, o que vive e o que entrega. E agora você está inteiro. Não perfeito, mas entregue. Não pronto, mas disposto.

Talvez seja como aquele velho conto que muitos já ouviram, mas que ecoa diferente quando vivido com fé. Dentro de nós, vivem dois homens: um é terreno – feito de pressa, vaidade e orgulho; o outro é espiritual – alimentado pela Palavra, guiado pelo Espírito e sustentado pela fé.

Perguntaram a um ancião qual deles prevaleceria. Ele, com os olhos cheios de Graça, respondeu: "O que se ajoelha primeiro". E hoje, você se ajoelhou; e se levantou com identidade. Porque não existe coragem que supere a humildade estratégica.

NÃO HÁ CELEBRAÇÃO MAIOR DO QUE ESTAR EM MOVIMENTO.

ORAÇÃO FINAL

Senhor,
que cada palavra lida aqui se transforme em semente viva
no coração de quem busca um novo caminho.
Que essa jornada de construção seja regida por Tua presença –
que o corpo trabalhe com diligência,
a alma permaneça com esperança,
e o espírito ouça a Tua voz com clareza.
Que nenhum projeto seja maior que a missão.
Que nenhuma conquista roube a essência.
E que nenhuma dúvida apague o que já foi confirmado no íntimo.
Reveste com Tua força.
Guia com Tua mão.
E firma os passos de quem escolheu andar contigo – até o fim.
Amém.

MAPA RESUMO DO LIVRO: DO CAOS À CONSTRUÇÃO

Para quem deseja transformar medo em ação, crise em propósito e carreira em legado, aqui está o mapa prático da jornada que percorremos juntos:

1. **Identificação**

   Perceba o incômodo. Reconheça que algo mudou por dentro, mesmo que por fora pareça igual. O silêncio da alma é o início da mudança.

2. **Causa**

   Dê nome à inquietação. Entenda que sua crise não é frescura – é um chamado à coerência entre quem você é e o que você vive.

3. **Coragem estratégica**

   Mudar exige mais que impulso: exige plano. É hora de planejar sua transição com inteligência emocional, estrutura e fé.

4. **Reconhecimento**

   Você não está começando do zero. Honre sua trajetória. Valorize o que aprendeu. Tudo o que viveu até aqui servirá à nova etapa.

5. **Sabotadores internos**

   Identifique as vozes que travam seu progresso: o perfeccionista, o controlador, a vítima, a hiperfocada. Nomear é começar a vencer.

6. **O restart**

   Reiniciar tem mais a ver com reintegrar do que com apagar. Aqui, você redesenha sua carreira com clareza e intenção.

7. **Construção**

   Crie rotina com visão. Divida sua semana com sabedoria. Planeje, execute e aprenda a sustentar o ritmo com base forte.

8. **Sustentação**

   Autonomia exige estrutura. Produtividade com propósito é possível. Carreira e empreendedorismo têm significados diversos – encontre o seu.

9. **Posicionamento**

Assuma seu lugar no mundo. Posicione sua marca pessoal com verdade, consistência e direção. Não basta fazer bem, é preciso ser visto como quem faz bem.

10. **Influência**

Você é farol. Sua presença transforma. Influência verdadeira é coerência visível – uma extensão da sua autenticidade.

11. **Celebração**

Celebre a coragem. Honre a jornada. Siga se reinventando com paz, liberdade e voz.

Este é o ciclo: reconhecer, reposicionar, reconstruir, sustentar, expandir e impactar. E você? Está pronto para para a mudança estratégica e, consequentemente, para o crescimento inevitável?

Agora, o palco é todo seu!

HONRAR A PRÓPRIA HISTÓRIA É IMPORTANTE, MAS NÃO MAIS IMPORTANTE DO QUE CONTINUAR ESCREVENDO NOVAS PÁGINAS.

REFERÊNCIAS BIBLIOGRÁFICAS

ABDAAL, A. **A produtividade do bem:** como fazer mais do que importa para você. Santos: H1 Editora, 2024.

BENDER, A. **Personal branding**: construindo sua marca pessoal. São Paulo: Integrare, 2009.

BRUNSON, R. **Segredos dos experts:** o manual clandestino para converter seus visitantes online em clientes vitalícios. Santos: H1 Editora, 2023.

CARNEGIE, D. **Como evitar preocupações e começar a viver**. São Paulo: Companhia Editora Nacional, 2012.

CHAMINE, S. **Inteligência positiva**: por que só 20% das equipes e dos indivíduos alcançam seu verdadeiro potencial e como você pode alcançar o seu. Tradução de Regiane Winarski. Rio de Janeiro: Fontanar, 2013.

GARCIA, L.F. **Negócios à prova do amanhã:** porque construir o futuro da sua empresa começa agora. São Paulo: Gente, 2023.

HARARI, Y.N. **Sapiens**: uma breve história da humanidade. Tradução de Janaína Marcoantônio. Porto Alegre: L&PM, 2015.

HILL, N. **Mais esperto que o diabo**: o mistério revelado da liberdade e do sucesso. São Paulo: Citadel, 2014.

HOLIDAY, R. **O ego é seu inimigo:** como dominar seu pior adversário. Tradução de Andrea Gottlieb. Rio de Janeiro: Intrínseca, 2017.

ICHIRO, K; KOGA, F. **A coragem de ser feliz:** uma conversa entre um jovem e um filósofo sobre a verdadeira coragem de que precisamos para uma vida plena. Rio de Janeiro: Sextante, 2020.

KELLER, G; PAPASAN, J. **A única coisa**: a verdade surpreendentemente simples por trás de resultados extraordinários. Tradução de Ivanir Calado. Rio de Janeiro: Sextante, 2021.

LEMBKE, A. **Nação dopamina**: por que o excesso de prazer está nos deixando infelizes e o que podemos fazer para mudar. Tradução de Elisa Nazarian. Rio de Janeiro: Vestígio, 2022.

MAGALDI, S; SALIBI, J. **Gestão do amanhã**: tudo o que você precisa saber sobre gestão, inovação e liderança para vencer na 4ª revolução industrial. São Paulo: Gente, 2018.

SOARES, A. **Todos somos uma marca**: construa seu ecossistema de vendas por meio de influência, conteúdo e experiência. São Paulo: Gente, 2023.

TALEB, N.N. **Antifrágil**: coisas que se beneficiam com o caos. Rio de Janeiro: Objetiva, 2013.

ARTIGOS E FONTES ON-LINE

BUSCA por bem-estar faz crescer vendas de cosméticos no Brasil durante a pandemia. **ABIHPEC**, 20 maio 2021. Disponível em: https://abihpec.org.br/busca-por-bem-estar-faz-crescer-vendas-de-cosmeticos-no-brasil-durante-a-pandemia. Acesso em: 13 jun. 2025.

CHALEGRA, Jessica. Mercado de beleza e bem-estar deve alcançar US$ 8,5 tri até 2027. **Consumidor Moderno**, 2024. Disponível em: https://consumidormoderno.com.br/mercado-beleza-bem-estar. Aceso em: 16 jun. 2025

DADOS psicográficos da Geração Z: valores geracionais, estilos de vida e muito mais. **Spotify Ads**, 2023. Disponível em: https://ads.spotify.com/pt-BR/noticias-insights/gen-z-psychographics. Acesso em: 13 jun. 2025.

ECONOMIA do bem-estar deve atingir US$ 9 trilhões até 2028. **BHB Food**, 2024. Disponível em: https://bhbfood.com/tendencias/economia-do-bem-estar-deve-atingir-us-9-trilhoes-ate-2028. Acesso em: 13 jun. 2025.

GLOBAL Entrepreneurship Monitor: empreendedorismo no Brasil 2023. [S. l.]: Anegepe; Sebrae, 2024. Disponível em: https://www.gemconsortium.org/report/gem-brazil-2023-national-report. Acesso em: 20 maio 2025.

NIQ e World Data Lab divulgam relatório "Spend Z": Geração Z impulsiona o futuro do consumo global. **Business Wire**,

2024. Disponível em: https://www.businesswire.com/news/home/20240605503515/pt. Acesso em: 13 jun. 2025.

SEBRAE. **Como lidar com o medo de largar a carreira e empreender**. 2022. Disponível em: https://sebrae.com.br/sites/PortalSebrae/artigos/como-lidar-com-o-medo-de-largar-a-carreira-e-empreender,1051e0a0fbd72810VgnVCM100000d701210aRCRD. Acesso em: 20 maio 2025.

SETOR de beleza e cuidados pessoais deve crescer 7% ao ano até 2027 no Brasil. **Monitor Mercantil**, 2023. Disponível em: https://monitormercantil.com.br/setor-de-beleza-e-cuidados-pessoais-deve-crescer-7-ao-ano-ate-2027-no-brasil. Acesso em: 13 jun. 2025.

STELLA, Vivian Rio. Medo de fracassar e solidão: dilemas de quem quer empreender. **Você S/A**, 12 abr. 2016. Disponível em: https://vocesa.abril.com.br/geral/medo-de-fracassar-e-solidao-sao-dilemas-de-quem-quer-empreender. Acesso em: 20 maio 2025.

MASSA, Rubens Mussolin; ANDREASSI, Tales; PARTYKA, Raul Beal; LANA, Jeferson. Empreendedores brasileiros avaliam oportunidades de negócios de forma mais positiva quando riscos são menos visíveis. **Brazilian Business Review**, São Paulo, v. 21, n. 3, p. 1–20, 2024. Disponível em: https://www.impacto.blog.br/administracao-de-empresas/estrategia-empresarial/percepcao-de-risco-empreendedores-brasileiros/. Acesso em: 17 jun. 2025.

WORKFORCE Report December 2023. **LinkedIn Economic Graphic**, 6 dez. 2023. Disponível em: https://economicgraph.linkedin.com/resources/linkedin-workforce-report-december-2023. Acesso em: 20 maio 2025.

VOCÊ NÃO COMEÇA DO ZERO, COMEÇA A PARTIR DE TUDO O QUE VOCÊ JÁ É.

MUDANÇA ESTRATÉGICA, CRESCIMENTO INEVITÁVEL

@CHAICARIONI

Este livro foi impresso peça gráfica Grafilar em papel lux cream 70 g/m²
em setembro de 2025.